2022 개정 교육과정 기반 교사교육과정 설계

SPECIAL CLASS MANAGEMENT

배워서 바로 실천하는

특수학급 경영 WORKBOOK 따라하기

김미연·이수경·한경화 지음

실천하는 특수교사 행동연구회 감수

교육과학사

일러두기

- 이 책에 등장하는 인물은 가상 인물입니다.
- 이 책에서 언급하는 교육과정 성취기준에 대한 자료는 학급 교육과정 설계를 위한 의견임을 밝혀둡니다.
- 이 책을 읽는 여러분은 2022 개정 교육과정과 함께 저자의 설계 방식과 노하우를 참고하여 이 책을 활용해 주시기 바랍니다.

특수학교 학급과 초등학교 특수학급에서 홀로 학급경영을 시작하는 분들에게 전합니다.

'백지장도 맞들면 낫다'라는 속담이 있습니다. 이 속담은 아무리 쉬운 일이라도 함께하면 더 쉬워진다는 뜻입니다.

「특수학급 경영 워크북」은 평소 학급경영으로 고민하던 특수교사들이 모여 만들었습니다. 처음에는 몇몇 특수교사들의 학기 초 교육관 세우기부터 특색교육을 계획하는 시간을 아낄 수 있도록 하려고 시작되었습니다. 1차로 만들었던 실습지는 선생님들의 학급경영 계획 작성을 도왔고, 그 과정에서 그동안 느끼지 못했던 마음의 여유도 찾았다는 피드백을 받게 되었습니다. 얼마나 감사한 일인지 모릅니다. 그리고 그즈음에 학급경영을 제대로 할 수 있는 구체적인 방법을 알고 싶다는 현장의 소리를 들었습니다. 그래서 '특수학급(특수학교나 일반학교에 속한 학급 모두 사실은 특수학급입니다.) 경영'을 다루는 워크북을 발간하는 일이 유의미한 일이라고 생각했습니다. 어렵다는 생각에서 벗어나 조금만 관점을 바꾸고자 노력한다면, 학급경영에 대해 보다 쉽게 접근할 수 있기 때문입니다.

특수학급 경영을 제대로 하고 싶은데 어디서부터 해야 할지 모르겠다면,
학급경영의 맥을 잡는 방법을 알려드리겠습니다.

1부에서는 나만의 교육관을 세우고 이를 구체화할 수 있는 나침반을 만들어 볼 것입니다. 또한, 이를 바탕으로 우리 학급을 진단하고 분석해 볼 것입니다. 그래서 교육 목표를 설정하고 학급 특색교육 활동을 구상하기까지 생각해 볼 수 있도록 탑-다운 방식으로 구성하였습니다.

2부에서는 학급경영에서 핵심과제라고 할 수 있는 [교·수·평 일체화]를 실천하기 위해 2022 개정 특수교육 교육과정 중 기본 교육과정과 공통 교육과정의 성취기준을 서로 연관성 있게 정리하였습니다.

특수학급의 경우, 해당 학년군의 편제와 시간을 따르되, 학생의 교육적 요구를 고려하여

특수교육 교육과정의 교과(군) 내용과 연계하거나 대체하여 수업을 설계·운영할 수 있습니다.[1] 그러나 이 두 교육과정에서 다루는 성취기준을 분석하여 서로 관련이 있는 성취기준을 찾는 데 많은 시간과 노력이 필요합니다. 선생님들의 이런 수고를 아껴 실제적인 학급경영에 매진할 수 있도록 각론의 성취기준들을 수집하고 교집합이 될 수 있는 부분들을 찾아내어 정리하였습니다. 또한 편리성을 위해 뜯어 쓸 수 있는 카드 형태로 제작하였으며, 국어 56장, 수학 148장, 플러스 카드 14장으로 구성하였습니다. 기존의 '특수교육 「교·수·평 일체화」를 위한 재구성 카드[2]로 주제망을 구성한 다음, 현 학년의 성취기준과 연관성이 있는 기본 교육과정 성취기준을 확인하거나 기본 교육과정과 연결되는 공통교육과정의 성취기준을 탐구할 때 유용하게 활용하시기 바랍니다.

백지장도 맞들면 정말 도움이 됩니다. 지금도 우리 특수교사는 일선에서 최선을 다해 멋진 모습으로 학급경영에 힘쓰고 있지만, 이 워크북을 펼친 분들은 한 번 더 성장의 발돋움을 내디딜 수 있으리라 생각됩니다. 어려운 여건에서도 현장에서 의미 있는 특수교육을 실현하고 계시는 선생님께 진심으로 응원과 존경의 말씀을 드립니다. 감사합니다.

김미연·이수경·한경화 드림

1) 교육부 고시 제2022-33호[별책1] 초·중등학교 교육과정 총론 Ⅲ-1-하, 16쪽
2) 한경화, 정명철 저, 교육과학사

목 차

제1부 학급경영 흐름 보기

제2부 학급경영을 위한 성취기준 분석

제1부

학급경영 흐름 보기

학급경영 방향 설정의 이해

처음 [교·수·평 일체화]라는 주제어를 쓰기 시작했을 때부터 특수교사에게 교육과정 재구성은 참으로 어려운 일이었습니다. 보통은 한 학교의 단일학급으로 배치된 특수학급 교사들에게 특수교육 교육과정 재구성을 하기 위해서는 공통교육과정과 기본 교육과정을 모두 섭렵해야 했기 때문에 상당히 부담스러운 연구이자 과제였습니다. 그래서 몇 년간은 공통교육과정과 기본 교육과정의 관련 있는 학습 요소를 연결하여 학생별 연간 포트폴리오를 만들기도 했습니다. 그런데 여기에는 항상 무언가 중요한 것이 빠져있는 느낌이 들었습니다.

바로 교사관입니다.

'우리 학급이 혹은 교사인 내가 추구하는 것은 도대체 무엇인가?'라는 자기 질문과 피드백이 교사관이라고 할 수 있습니다.

수쌤! 지금까지 더 많이 하고 싶었거나 못 해서 아쉬웠던 것은 없나요?

저는 새로운 경험이나 배우는 것을 좋아합니다. 그런데, 단계와 수준이 올라가면서 지켜야 할 규칙들이 많아지면 정리하기가 힘들었던 것 같아요. 그래서 첫 시작은 잘하지만, 꾸준히 실천하지 못했어요.

아, 그러면 수쌤은 배우는 즐거움, 끈기와 약속, 규칙 등 이런 것들이 중요하겠네요. 여기에서 가장 먼저 떠오르는 것이 무엇이죠?

새로운 경험, 새로운 것을 배우는 기쁨, 행복이요.

행복이군요. 교사로서, 수쌤은 아이들의 행복을 비전으로 바라보며 학급을 운영하는 것 같아요.

연쌤, 그렇다면 자기에게 질문을 하며 정리하는 시간이 꼭 필요하겠어요. 학급을 생각하면 막연하게 이것도 하고 싶고 저것도 하고 싶다! 이렇게 나열만 할 수 있었지, 하나로 묶어서 한 단어나 문장으로 표현해야겠다는 생각은 못 했습니다.

맞아요. 우리가 열심히 어딘가로 항해를 하는 중이라면, 어느 방향으로 가고 있는지 나침반이 필요해요. 교사관이 그 역할을 하는 것이죠.

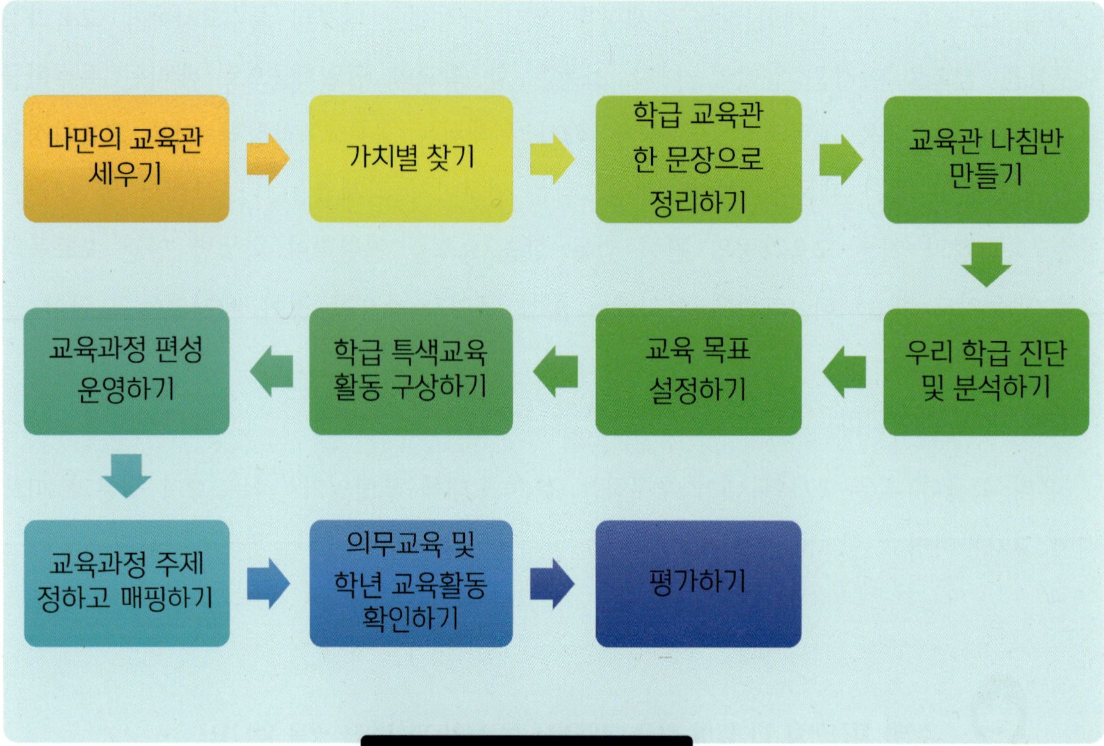

[학급경영 계획 흐름도]

1) 나만의 교육관 세우기

이 영역에서는 교사 스스로 가지고 있는 인생에 대한 성찰과 특별한 경험을 떠올려 보아야 합니다. 잠시 눈을 감고 특수교사가 되어 만난 아이들을 한 명 한 명 기억하며 가장 뇌리에 박힌 장면을 선택하세요. 그리고 앞으로 우리 교실에서 일어날 일을 머릿속으로 그려보세요.

★ 아래 질문의 답을 선생님만의 방식으로 자유롭게 표현해 봅시다.

① 선생님으로서 가장 행복했던 순간은 언제였나요?

② 선생님이 만나는 학생들을 떠올려 본 후, 한 문장으로 표현해 볼까요?

③ 그 학생들이 어떤 모습의 어른으로 자라길 바라나요?

④ 선생님이 꿈꾸고 그리는 교실의 모습은 무엇인가요?

김 교사 MEMO

① 학생의 가능성을 발견하고 대회를 준비했던 순간

② 나에게 학생은 씨앗이다.

③ 따뜻한 마음으로 이웃과 함께 어울려 살며 스스로 해내는 힘과 지혜를 키우고, 꿈을 가지고 행복한 삶을 살아갈 수 있는 즐거움을 아는 학생으로 성장하기를 바란다.

④ 우리 학급은 학생들에게 베이스캠프이다. 아이가 세상에 나갔다가 지치고 힘들 때 엄마 품에 안겨서 힘을 얻고 다시 일어서는 것처럼 특수학급은 학교라는 작은 세상에서 스스로 성공적인 삶을 살아갈 수 있도록 힘을 준다.

이 교사 MEMO

① 미군 부대에서 야구 게임을 한 경험+특수학급 1박 2일 수련활동

② 나에게 학생은 계절이다. (패턴이 있는 듯 그 안에서 각자 모습이 다르다)

③ 즐거운 경험을 하고 좋은 습관을 꾸준히 실행하는 과정에서 스스로 성장하는 기쁨을 깨우쳐 가는 학생으로 자라길 바란다.

④ 우리 학급은 하얀 도화지이다. 계절을 담는 배경지이다.

2) 교육과정에 담고 싶은 가치별 찾기

선생님이 중요하게 생각하는 가치들을 직관적으로 골라 주세요. 다른 사람의 의견은 중요하지 않습니다. 선생님이 살면서 중요하게 생각했던 핵심 단어를 최대 7개까지 찾아 주세요.

3) 학급 교육관을 한 문장으로 정리하기

우리가 생각했던 학생들과의 뜻깊은 장면과 가까운 미래에 꿈꾸는 교실의 모습을 상상하고 평소 중요하게 생각하는 가치까지 모두 모아서 한 문장으로 만들어 보겠습니다. 여기에서 가장 중요한 것은 근본적으로 학생을 변화시키고자 하는 교사의 본질적 역할입니다. 우리의 올바른 가치관으로 아이들에게 전하고자 하는 메시지를 한 문장으로 표현한다고 생각해보면 좀 더 쉬울 수 있습니다.

선생님이 지금 만들고자 하는 이 문장은 앞으로의 학급경영에 큰 영향을 줄 것입니다. 다소 시간이 걸리더라도 조급해하지 마시고 꼭 내가 만족할 수 있는 문장 만들기에 집중하여 주시기 바랍니다.

김 교사 MEMO

공동체 – 소통 – 관계 – 존중 – 예절 – 즐거움 – 자율

따뜻한 마음으로 이웃과 함께 어울려 살며 스스로 해내는 힘과 지혜를 키우고, 꿈을 가지고 행복한 삶을 살아갈 수 있는 즐거움을 아는 학생으로 성장하도록 **믿고 기다릴 줄 아는 좋은 교사**

이 교사 MEMO

행복 – 자신감 – 끈기 – 약속 – 지혜 – 의무 – 안전

자신이 해야 할 일을 약속하고 안전하게 실천할 수 있는 지혜로운 학생으로 최종적으로 자신감을 가지고 성실하게 살아나가는 삶을 통해 행복한 사람이 될 수 있도록 주어진 **시간을 소중히 여기는 교사**

4) 교육관 나침반 만들기

1. 교육관 한 문장: 이전 단계에서 만든 문장을 나침반의 가운데에 그대로 기록합니다.
2. 학급 운영: 학급 운영을 위해 교사가 크게 해야 할 일을 구상합니다(큰 그림).
3. 중점사항: 학급 운영에 대한 구체적인 방안을 고민하여 기록합니다.
4. 학급 특색: 2, 3번에서 올해 주력하고자 하는 우리 학급만의 활동을 생각합니다.
5. 교수·학습: 교육활동을 위해 진행하고자 하는 핵심적인 교수 방법과 과정을 고민하여 기록합니다.

김 교사 MEMO

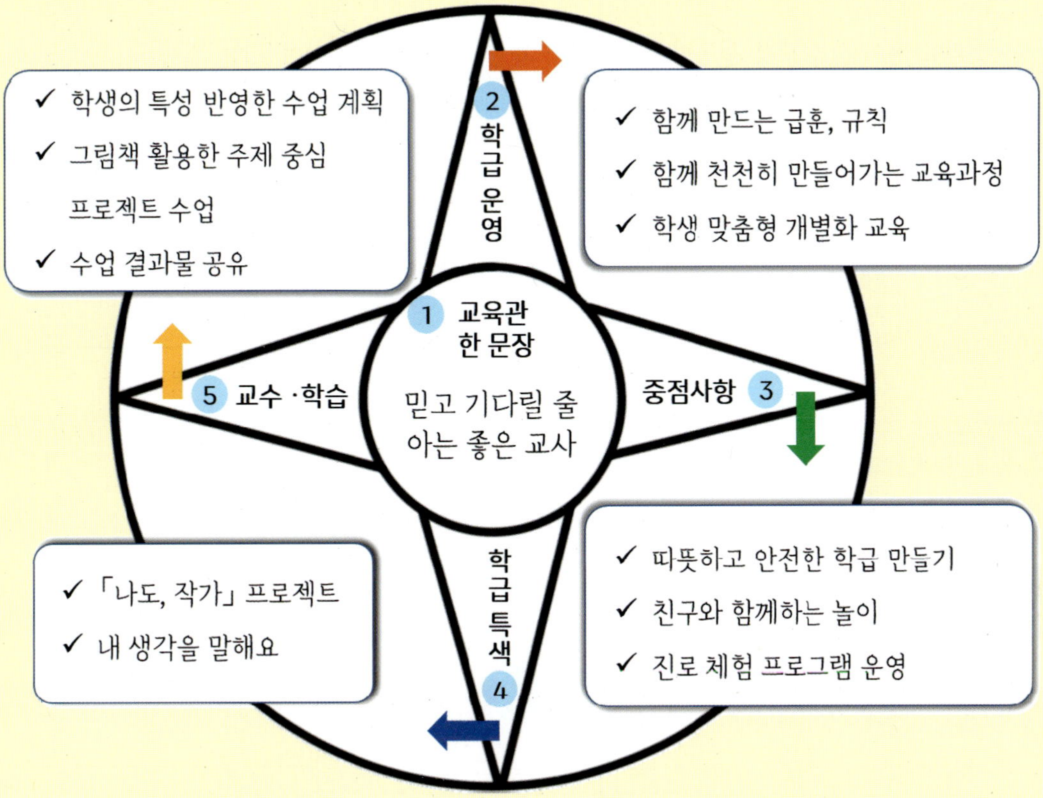

5) 우리 학급 진단 및 분석하기

가장 쉬울 수도 있고 반대로 어려울 수도 있습니다. 평소 학생들에 대한 기록이 많을수록 작성이 쉬워집니다.

이때, 학교 교육 계획에서 분석한 전체 학생에 대한 자료 중 필요한 내용을 발췌합니다. 그리고 학부모님으로부터 설문[3]을 하여 그해 학급 살이 평가와 피드백을 받는 것을 추천합니다. 평가 참여와 의견 수합이 쉬워서 기발한 아이디어와 제안을 발견할 수도 있기 때문입니다.

3) 설문 프로그램으로 평가 참여와 의견 수합이 쉬운 네이버 오피스 폼이나 구글 폼을 활용하는 것을 추천합니다.

전년도 학급 운영 평가 자료

[학부모 대상]

- 오피스 폼이나 설문지 활용하여 평가하고자 하는 문항 작성하여 의견 수합
- 질문의 내용이나 형태는 자유롭게 구성할 수 있음

2000년에는 주제 중심 교육과정을 운영하였습니다. 이에 대해 어떻게 생각하십니까?

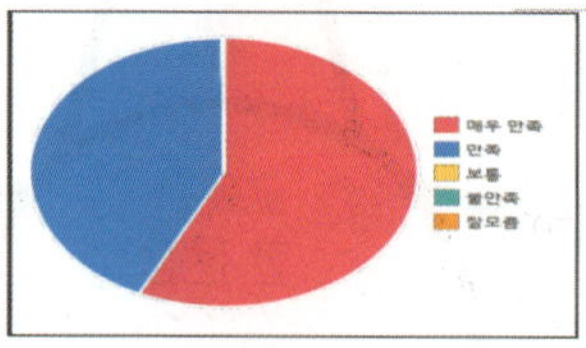

응답	응답수	
매우 만족	4	57.1%
만족	3	42.9%
보통	0	0%
불만족	0	0%
잘모름	0	0%

올해 운영한 프로젝트 가운데 가장 효과적이었다고 생각한 프로젝트 2개를 선택해 주십시오.

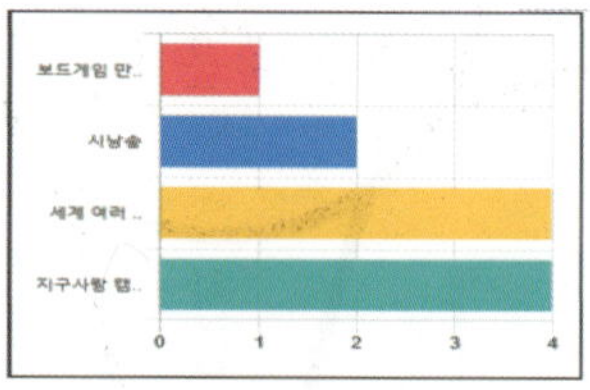

응답	응답수	
보드게임 만들기	1	14.3%
시낭송	2	28.6%
세계 여러 나라 홍보대사 되기	4	57.1%
지구사랑 캠페인	4	57.1%

월 1회 주제와 관련하여 한 권 그림책 읽기 활동을 하였습니다. 이에 대해 어떻게 생각하십니까?

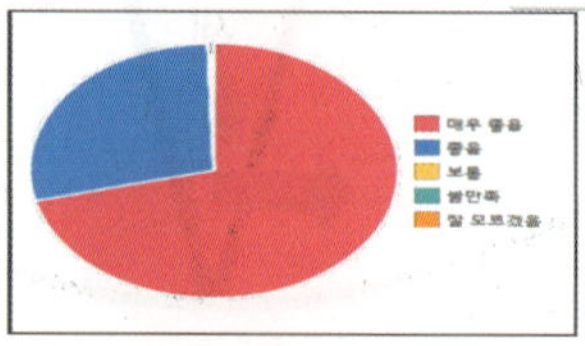

응답	응답수	
매우 좋음	5	71.4%
좋음	2	28.6%
보통	0	0%
불만족	0	0%
잘 모르겠음	0	0%

자녀의 올바른 성인식을 위해 전문 강사에 의한 성교육을 하였습니다. 이에 대해 어떻게 생각하십니까?

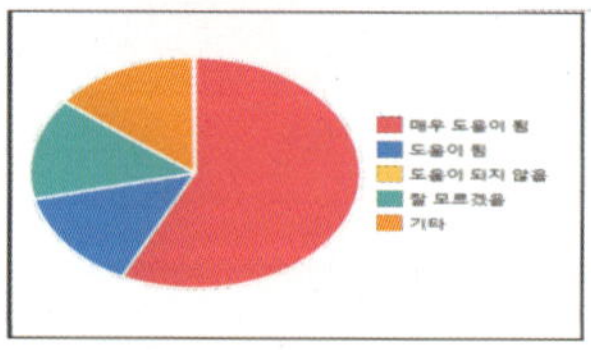

응답	응답수	
매우 도움이 됨	4	57.1%
도움이 됨	1	14.3%
도움이 되지 않음	0	0%
잘 모르겠음	1	14.3%
기타	1	14.3%

기타 하고 싶은 말	체육 수업 희망함 여러 활동과 체험이 많은 도움이 되었습니다.

[학생 대상]

- 설문지 또는 스티커 등을 활용하거나 영상 자료를 보여주고 의견 자유롭게 나누기

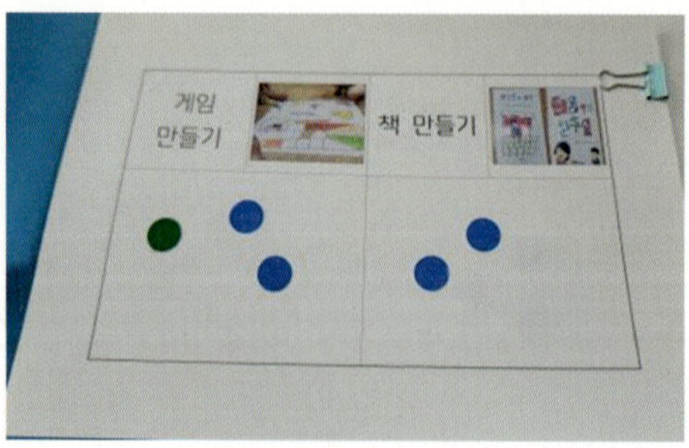

학생별 특성 및 학부모 요구 사항

순	학생명	학습 수행 능력	행동 특성	취미 및 특기	개별화 교육 시 학부모 요구
1	○○○	일상생활에서 익숙한 그림-글자를 보고 읽을 수 있으며, 1~10까지의 숫자를 보고 읽고, 이름을 비슷하게 쓸 수 있음/ '도와주세요, 안녕하세요, 안녕히 계세요, 화장실 가요, 마스크 해 주세요' 등 간단한 의사 표현할 수 있음	소근육의 기능이 낮아 조작 및 쓰기, 자르기 활동에 어려움/ 상동 행동(손가락이나 긴 종이 흔들기)을 종종 보이기도 함	동영상 시청하기, 알록달록한 그림이 들어간 색연필 관찰하기를 좋아하며, 물건 사용 후 정리를 잘함	학교생활 적응 및 학습 참여도 높이기, 의사 표현

학교 및 지역사회

학교	지역사회
• 40학급 이상의 대규모 학교임 • 통합학급 학생 수가 평균 25명으로 많음 • 친구들이 특수교육대상 학생에 관심이 많으며 우호적임 • 통합학급 담임교사가 통합교육에 관심이 많음 • 일반교사들이 특수교육에 관심이 많으나 이에 대한 정보가 부족한 편임	• 신도시에 위치하며, 학교 주변에 아파트, 상가, 학원 등이 많음 • 가까운 곳에 공공기관, 공원 등이 위치함 • 가까운 곳에 진로 체험할 수 있는 곳이 있음

⬇

학생
- 기본·기초 학습 능력 및 태도가 부족함
- 학교생활에 필요한 기본적인 규칙을 반복적으로 지도할 필요가 있음
- 통합학급 친구들과 사이좋게 지내고 긍정적이고 협력적 관계를 이어나갈 수 있도록 하여야 함

학부모
- 자녀의 교육활동에 관심이 많고 학습조력자의 역할을 함
- 경험을 바탕으로 하는 체험활동을 선호함
- 밴드나 학급 홈페이지 또는 블로그 등을 활용하여 학부모와의 소통 공간을 마련해야 함

학교
- 협조적인 구성원들로 이루어져 있으나 대부분 통합교육이나 특수교육에 대한 정보와 연수가 요구됨

지역사회
- 지역 교육청과 특수교육지원센터의 피드백이 상당히 빠르며 협조적임
- 대단지 아파트에 둘러싸인 환경적 구조로 친화적인 이웃들로 구성되어 있음

⬇

영역별 시사점

✓ 기초학습 능력 신장, 소통창구, 교사와 학부모 대상 특수교육 연수 필요, 지역 교육청 조력과 서비스 활용, 긍정적인 또래 관계 형성 등

⬇

학급 교육과정 반영사항

✓ 학부모와 소통할 수 있는 SNS 공간 마련, 학습과 공동체 생활을 보완해줄 수 있는 개별화 교육계획 설정, 또래 관계 향상을 위한 쉬운 게임 익히기, 통합교육의 긍정적 관심 제고를 위한 환경 마련(연수, 정보제공), 더 나은 교육환경을 위한 예산 확보 및 활용 등

6) 교육 목표 설정하기

탑-다운 방식으로 1번부터 3번까지 추구하는 핵심 키워드를 찾고 상호 간에 맥락적 연관성을 띠고 있는 것은 무엇인지 파악하는 것이 중요합니다. 왜냐하면 교-수-평처럼 서로 유기적 관계로 이어져 있어야 하기 때문입니다.

1. 국가 교육과정 총론과 각론 살펴보기
2. 지역 교육과정 주요 사항 확인하기
3. 학교 교육목표 살펴보기
4. 우리 학급 교육목표 설정하기

* 특히 3번과 4번은 상위의 것(1, 2번)보다 구체적이면서도 같은 방향으로 목표가 설정되어야 합니다. 마치 나무에서 큰 줄기와 거기에서 다시 뻗어져 나가는 새로운 줄기라고 생각하면 쉽습니다.

7) 학급 특색교육 활동 구상하기

우리 학급의 최종 목표가 정해지면 학생들과 함께하고 싶은 우리 학급만의 활동이 생깁니다. 이러한 활동의 주제를 생각할 때는 다음과 같은 질문을 자기에게 하셔야 합니다.

① 우리 반 학생에게 왜 필요한가?
② 언제 할 것인가?
③ 무엇을 할 것인가?
④ 어떻게 할 것인가?
⑤ 기대되는 효과는 무엇인가?
⑥ 특색교육 활동을 한 문장으로 표현한다면?

김 교사 MEMO

왜 필요한가?

타인과의 상호작용 상황에서 자신의 요구와 의사를 주도적으로 표현할 수 있도록 하기 위해서

언제	무엇을	어떻게
국어, 아침 독서, 중간 놀이, 쉬는 시간, 점심시간, 방과 후	나를 표현하는 의사소통, 가족과 의사소통, 학교에서 의사소통	그림책 활용 및 역할극, 내 생각 글쓰기, 가정, 통합학급과의 연계, 과정과 결과 공유

기대되는 효과는 무엇인가?

다양한 의사소통 상황에서 적절하게 의사표현하는 능력 향상

특색교육 활동을 한 문장으로 표현한다면?

내 생각을 표현해요

8) 교육과정 편성 · 운영하기

교육과정에 따라 편제와 시수를 확인하고 우리 반 기초시간표를 작성합니다. 이때 특수학급의 경우 특수교육대상 학생의 학년에 따라 시수가 달라지므로 시수를 이해하는 배경지식이 필요합니다. 2022 개정 교육과정에서는 현 2015 개정 교육과정의 시간 배당기준과 다르게 제시되어 있습니다. 문서를 확인하여 어떤 과목이 어떻게 변화되었는지 동료 교사와 함께 토의하는 시간을 가지기를 추천합니다.

예시

한글 및 기초 문해력 교육 강화로 국어 시간 증가

안전한 생활의 변화

창의적 체험활동 영역 변경 및 시간이 줄어듦

학교 자율시간 운영 가능(3-6학년) 등

2022 개정 교육과정 <초등> 시간 배당 기준

구 분		1~2학년	2015′ 1~2학년	3~4학년	5~6학년
교과(군)	국어			408	408
	사회/도덕	국어 482	국어 448	272	272
	수학	수학 256	수학 256	272	272
	과학/실과	바른 생활 144	바른 생활 128	204	340
	체육	슬기로운 생활 224	슬기로운 생활 192	204	204
	예술(음악/미술)	즐거운 생활 400	즐거운 생활 384	272	272
	영어			136	204
	소계	1,506	1,408	1,768	1,972
창의적 체험활동		238	336 안전한 생활 (64)	204	204
학년군별 총 수업 시간 수		1,744	1,744	1,972	2,176

출처: 교육부 고시 제2022-33호 [별책 2] 초등학교 교육과정 17쪽 <표1>을 재구성함

2022 개정 특수교육 교육과정 기본교육과정 시간 배당 기준

기본교육과정 시간 배당 기준

<table>
<tr><th colspan="2" rowspan="2">구 분</th><th colspan="2">1~2학년</th><th colspan="2">3~4학년</th><th colspan="2">5~6학년</th></tr>
<tr><th>2022</th><th>2015</th><th>2022</th><th>2015</th><th>2022</th><th>2015</th></tr>
<tr><td rowspan="7">교
과
(군)</td><td>국어</td><td rowspan="6">국어 352
수학 204
바른 생활 116
슬기로운 생활 180
즐거운 생활 320</td><td rowspan="6">국어 448
수학 256
바른 생활 128
슬기로운 생활 192
즐거운 생활 384</td><td>340</td><td>408</td><td>340</td><td>408</td></tr>
<tr><td>사회</td><td>204</td><td>272</td><td>204</td><td>272</td></tr>
<tr><td>수학</td><td>204</td><td>272</td><td>204</td><td>272</td></tr>
<tr><td>과학/실과</td><td>204</td><td>238</td><td>272</td><td>340</td></tr>
<tr><td>체육</td><td>170</td><td>204</td><td>170</td><td>204</td></tr>
<tr><td>예술(음악/미술)</td><td>238</td><td>272</td><td>238</td><td>272</td></tr>
<tr><td>소계</td><td>1,172</td><td>1,408</td><td>1,360</td><td>1,666</td><td>1,428</td><td>1,768</td></tr>
<tr><td colspan="2">창의적 체험활동</td><td>272</td><td>336
안전한 생활
(64)</td><td>306</td><td>306</td><td>408</td><td>408</td></tr>
<tr><td colspan="2">일상생활 활동</td><td>300</td><td>-</td><td>306</td><td>-</td><td>340</td><td>-</td></tr>
<tr><td colspan="2">학년군별 총 수업 시간 수</td><td>1,744</td><td>1,744</td><td>1,972</td><td>1,972</td><td>2,176</td><td>2,176</td></tr>
</table>

출처: 교육부 고시 제2022-34호 [별책 1] 특수교육 교육과정 총론 45쪽 <표9>를 재구성함

9) 교육과정 주제 정하고 매핑하기

학생의 관심사와 필요를 알고 학생의 삶과 연계된 깊이 있는 배움이 이루어질 수 있도록 핵심 키워드를 선정하는 것이 가장 중요합니다. 또한 매핑 과정에서는 주제에 따른 세부 내용을 중심으로 교과서 단원의 순서를 정하거나 완전히 새롭게 생산해낼 수도 있습니다. 여기서 특수학급의 경우 한 가지 더 고려할 점은 소속된 학생들의 학년 구성이 모두 다르므로 학년별 교과 영역이나 핵심 아이디어의 결이 같은 부분을 찾아 서로 관련 있는 것으로 매핑하는 것이 좋다는 점입니다. 이렇게 할 경우, 교사가 학생들을 평가하기가 수월합니다.

① 학생이 흥미와 관심을 갖고 있는 것은 무엇인가요?
② 우리는 지금, 여기에서, 무엇을, 왜 배워야 할까요?
③ 그것은 학생의 삶과 연계되어 있나요?
④ 학생의 삶과 연계된 깊이 있는 배움을 위해 언제, 어디에서, 무엇을, 어떻게 평가할 것인가요?

이교사 MEMO

월	대-소주제		관련 성취기준				교과 단원				매개체 (동화)	통합학급 평가내용		특수학급 평가내용	
			2학년	4학년	5학년	6학년	2학년	4학년	5학년	6학년		2학년 4학년	5학년 6학년	2학년 4학년	5학년 6학년
3	의사소통	자기 관리	[2국05-02] [2국05-03]	[4국02-03] [4국01-04] [4국04-03] [4국04-05] [4국03-04]	[6국01-01]	[6국04-01] [6국04-05] [6국04-04] [6국02-06]	1. 시를 즐겨요 4. 말놀이를 해요	3. 느낌을 살려 말해요	1. 대화와 공감	5. 속담을 활용해요	길까, 짧을까/어떻게 할까	[2국05-02] 시 감상하기 [4국03-04] 읽는 사람 고려 글쓰기	 [6국04-04] 속담 활용 글쓰기	동시 듣고 그림 표현하기 읽는 사람 고려 생각 느낌 고르기	 속담 놀이로 속담 활용하기
4	환경	생산	[2국03-04] [2국01-04] [2국03-02]	[4국02-04] [4국01-02] [4국03-03]	[6국01-02] [6국01-03]	[6국01-05] [6국01-04] [6국02-04] [6국03-04]	2. 자신 있게 말해요 9. 생각을 생생하게 나타내요	4. 일에 대한 의견 6. 회의를 해요 8. 이런 제안 어때요	6. 토의하며 해결해요 4. 글쓰기의 과정 5. 글쓴이의 주장	3. 짜임새 있게 구성해요 4. 주장과 근거를 판단해요	모모모모/농부 달력	[4국01-02] 절차 규칙 회의 참여하기	[5국04-03] 낱말 뜻 해석하기 [5국01-02] 의견 제시하고 토의하기 [6국01-05]/[6국 01-04] 자료 활용하여 발표하기 [6국02-04]/[6국03-04] 주장하는 글쓰기	회의 참여하기	문장에 어울리는 낱말로 사전 찾기 토의 참여하여 내 의견 말하기 진로 생각하여 발표하기 주장하는 글 부분적 참여하기
5	의사소통	나와 너 (인권 교육)	[2국03-02] [2국01-02] [2국05-02]	[4국02-02] [4국05-03]	[6국02-02] [6국03-05]	[6국02-02] [6국05-01] [6국05-03] [6국02-06]	6. 차례대로 말해요 11. 상상의 날개를 펴요	2. 내용을 간추려요 5. 내가 만든 이야기	3. 글을 요약해요 7. 기행문을 써요	2. 이야기를 간추려요 8. 인물의 삶을 찾아서	민들레는 민들레/세상에서 가장 아름다운 달걀	[2국01-02] 일이 일어난 차례대로 말하기 [4국02-02] 중심 내용 간추리기 [4국05-03] 그림 보고 이야기 꾸미기	[5국02-02] 비교 대조 열거 구별하기 [5국03-05] 체험한 일 쓰기 [6국02-02] 발단-전개-절정-결말 요약	일이 일어난 차례로 말하기 짧은 글 문단 간추리기 이어질 이야기 그림으로 나타내기	비교 대조 열거 단어 쓰기 경험한 일 그림, 글로 나타내기 사건의 중심 내용 부분 요약하기
6	의사소통	친구-갈등 (감정 표현)	[2국05-02] [2국01-03] [2국02-04]	[4국03-04] [4국03-05]	[6국05-04]	[6국05-03] [6국05-01]	3. 마음을 나누어요 10. 다른 사람을 생각해요	1. 생각과 느낌을 나누어요	10. 주인공이 되어	1. 비유하는 표현	이파라파 냐무냐무/이럴 때 너라면?	[2국05-02] 마음을 나타내는 말 사용 글쓰기	[6국05-01] 비유하는 표현 시 쓰기	그림책 보고 마음 알기	비유 표현 알고 시 읽기
	환경	사계절	[2국03-03]	[4국04-01] [4국01-06] [4국04-05]	[6국01-04] [4국04-05]	[6국05-05]	7. 친구들에게 알려요	9. 자랑스러운 한글	9. 여러 가지 방법으로 읽어요	7. 우리말을 가꾸어요	여름맛	[4국04-05] 한글사랑 실천 다짐		한글 우수성 발표하기	
7	의사소통	친구-어울림	[2국04-02] [2국02-04]	[4국05-02] [4국04-01] [4국04-02]	[6국04-02] [6국05-02] [6국05-01]	[6국03-01] [6국01-06]	5. 낱말을 바르고 정확하게 써요 8. 마음을 짐작해요	7. 사전은 내 친구 10. 인물의 마음을 알아봐요	8. 아는 것과 새롭게 안 것 2. 작품을 감상해요	6. 내용을 추론해요 9. 마음을 나누는 글을 써요	낱말 공장 나라/모두를 위한 케이크	[2국04-02] 낱말 바르게 쓰기 [2국02-04] 마음 짐작 글 읽기	[5국05-01] 자신의 경험을 빗대어 시로 바꾸기	소리 비슷한 낱말 구분하기 글쓴이와 비슷한 경험 말하기	자기 경험 단어로 시의 일부분 바꾸기

*위 표에 사용된 성취기준 및 교과 단원명은 2015 교육과정 국어 교과의 문서와 자료임

10) 의무교육 및 학교 전체·학년 교육 활동 확인하기

특수학교 혹은 학급에서 꼭 다루어야 하는 의무교육 내용을 확인하고 빠짐없이 삽입하도록 합니다. 특수학급의 경우에는 학교, 학년 및 통합학급 교육 활동도 확인하여 고려해야 합니다.

성교육	학기별 1회/ 언제, 어디에서, 어떤 교과, 시간은? 누가?
인권교육	학기별 1회/ 언제, 어디에서, 어떤 교과, 시간은? 누가?
특수학급 체험학습 및 행사	체험학습과 학급 행사는 언제, 어떻게 운영할 것인가?
통합학급 행사 및 범교과 학습	통합학급 행사 또는 범교과 학습(의무교육 포함) 중 교육과정 운영 시 반영하거나 고려해야 할 사항은?

11) 평가하기

평가하기는 크게 교육과정 평가와 학급 운영에 대한 평가로 나누어집니다. 교육과정의 경우 학생들에 대한 평가로 이어지기 때문에 과정 중심 평가 기록을 중심으로 다음 해 교육과정의 주제와 세부 내용을 선정하는 데 큰 도움이 됩니다. 학급 운영에 대한 평가는 보통 연말에 실시하며 대상은 학부모, 학생, 통합학급 담임교사 등입니다. 질문의 내용과 형식은 자유롭게 정할 수 있는데 보통 아래 4영역을 주로 포함하여 구성합니다.

새롭게 시도한 점	어려움을 극복한 점
운영하고 나서 좋았던 점	아쉬웠던 점

이렇게 운영한 결과는 전문적 학습공동체, 지역 특수교사 모임 등에서 공유한 후, 동료 교사의 피드백을 받아 수정·보완하는 것을 추천합니다.

교육과정 설계를 위한
기본-공통 성취기준 이음 카드
안내

1) 기본-공통 성취기준 이음 카드

- □ 기본-공통 성취기준 이음 카드(이하 기본-공통 이음 카드)는 2022 개정 교육과정의 초등학교 교육과정(교육부 고시 제2022-33호[별책 2])과 기본 교육과정(교육부 고시 제2022-34호[별책 3])의 국어, 수학과 성취기준을 분석하여 학생별 수업을 설계, 운영하도록 고안되었습니다.
- □ 기본-공통 이음 카드는 교사의 교육과정 문해력을 기반으로 다학년 또는 다수준의 학생이 포함된 학급 교육과정을 설계할 때 유용하게 활용할 수 있습니다.
- □ 초등 특수교사뿐만 아니라 통합학급을 담당하는 초등교사도 특수교육대상 학생의 특성 및 교육적 요구를 고려하여 교육과정을 재구성할 수 있습니다.
- □ 신규교사부터 경력 교사까지 이 책에 제시된 학급 교육과정 설계 방법 안내에 따라 기본-공통 이음 카드를 활용하여 직접 실습해 볼 수 있습니다.
- □ 무엇보다 휴대가 간편하고, 장소에 구애받지 않아 쉽게 활용할 수 있습니다.
- □ 교육과정 연수, 전문적 학습공동체, 워크숍 등에서 활용할 수 있으며, 교육과정-수업-평가에 대한 교사의 전문성을 길러줄 수 있습니다.

2) 기본-공통 이음 카드의 구성

카드는 기본 교육과정의 국어, 수학 카드와 플러스 카드로 구성되어 있습니다.

국어, 수학 카드의 앞면에는 기본 교육과정의 성취기준을 제시하였고, 뒷면에는 이 성취기준과 관련 있는 공통교육과정 성취기준을 제시하였습니다. 이때, 성취기준의 내용 또는 기능요소에서 유의미한 단어를 추출하여 기준으로 삼았습니다.

무엇보다 다학년 다수준의 학생들로 이루어진 특수학급을 고려하여 학년군별 관련 성취기준을 포함하고자 하였습니다. 또한, 학생의 실태와 교과의 위계성을 고려하여 저학년은 최대한 많은 내용을 포괄하였고, 고학년이 될수록 관련 있는 내용을 넣고자 하였습니다.

[앞면]

학년군 / 영역

초3-4학년 [읽기]

[4국어02-04] ← 성취기준

그림책, 환경 인쇄물, 책 등 다양한 읽을거리에 관심을 가진다.

그림과 글자 읽기에 대한 흥미 ← 내용 요소

[뒷면]

[공통교육과정 관련 성취기준]

[2국02-05] 읽기에 흥미를 가지고 즐겨 읽는 태도를 지닌다.

[4국02-06] 바람직한 읽기 습관을 형성하고 읽기에 대한 자신감을 기른다.

[6국02-05] 긍정적인 읽기 동기를 형성하고 적극적으로 읽기에 참여하는 태도를 기른다.

[앞면]

초1-2학년 [수와 연산]

[2수학01-07]

다섯 개 이하 구체물의 개수를 센다.

다섯 개 이하 개수 세기

[뒷면]

[공통교육과정 관련 성취기준]

[2수01-01] 수의 필요성을 인식하면서 0과 100까지의 수 개념을 이해하고, 수를 세고 읽고 쓸 수 있다.

국어, 수학 카드는 [제2부. 학급경영을 위한 기본-공통 성취기준 카드]에 있는 [국어, 수학 영역별 내용체계표(45쪽)]와 함께 활용하여 주시기 바랍니다. 이 표는 영역별로 기본 교육과정-공통 교육과정 순으로 성취기준을 분석하여 정리한 것으로, 기본-공통 성취기준 카드와 함께 활용할 수 있습니다.

플러스 카드는 국어, 수학 교과 외 다른 교과의 성취기준을 작성하여 활용할 수 있도록 제작되었습니다.

[앞면] [뒷면]

3) 기본-공통 이음 카드 활용 방법

기본-공통 이음 카드는 아래와 같이 활용될 수 있습니다.

추천1	기본 교육과정의 성취기준을 직관적으로 관찰, 분류할 때
추천2	교육과정을 재구성할 때
추천3	교육과정 연구모임에서 공동 또는 협력 수업을 설계할 때
추천4	기본 교육과정과 공통 교육과정의 관련성을 확인할 때

그럼, 지금부터 활용 방법을 자세히 알아보겠습니다.

1 기본 교육과정의 성취기준을 직관적으로 분류하고 관찰할 수 있습니다.

1-1. 과목별 따로 또 같이 분류하기

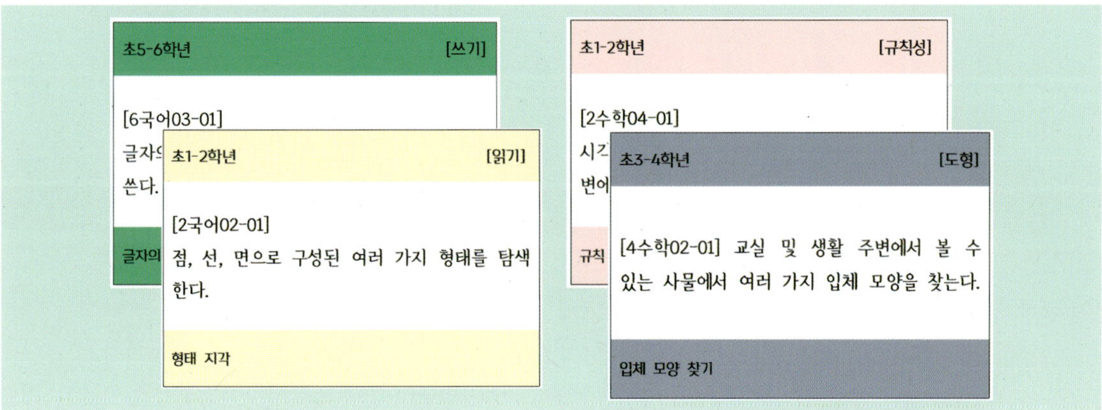

국어+수학 또는 국어, 수학 한 교과만 별도로 성취기준을 확인할 때 일렬로 배치하여 분류할 수 있습니다.

1-2. 한 과목 내 세부 영역별로 분류하기

국어

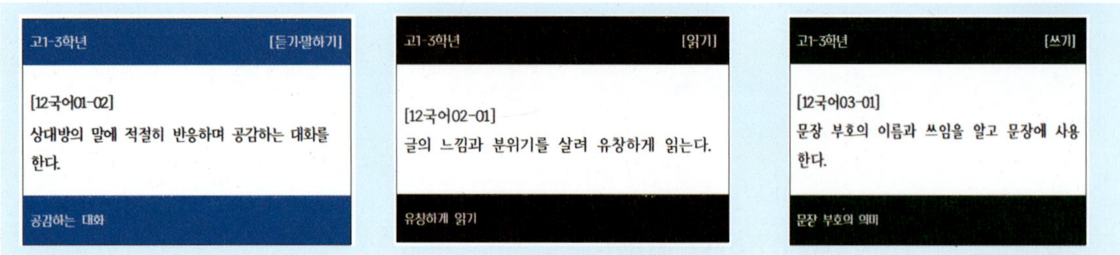

수학

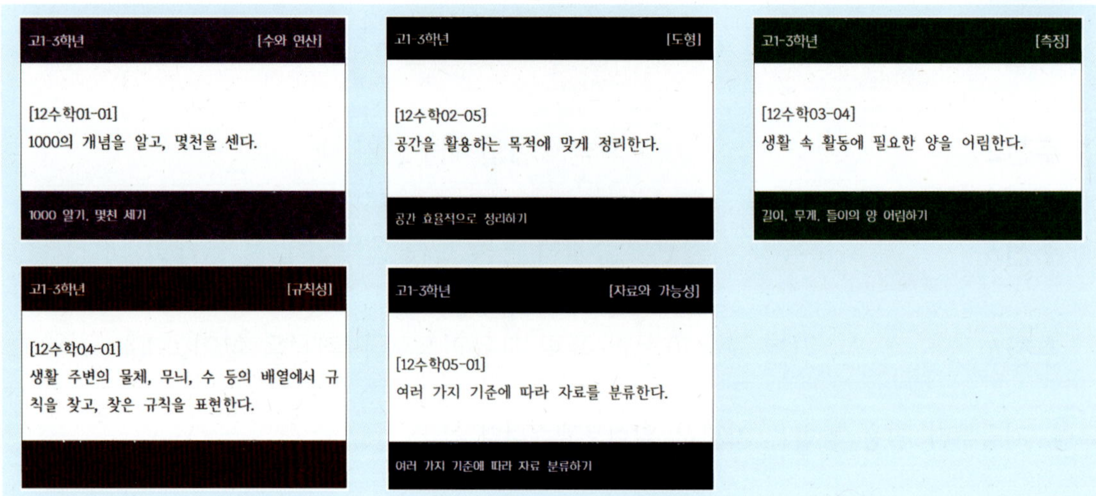

기본-공통 이음 카드는 국어, 수학의 영역을 서로 다른 색으로 나타내어 관련 정보를 쉽게 찾아볼 수 있습니다.

1-3. 학년군별로 분류하기

국어

<초1~2학년군>

초1-2학년 [듣기·말하기]	초1-2학년 [읽기]	초1-2학년 [쓰기]
[2국어01-02] 표정과 몸짓의 의미를 이해하고, 표정과 몸짓으로 감정이나 요구를 표현한다.	[2국어02-01] 점, 선, 면으로 구성된 여러 가지 형태를 탐색한다.	[2국어03-01] 끼적이기에 재미를 느끼며 자유롭게 끼적인다.
표정과 몸짓	형태 지각	자유롭게 끼적이기

<초3~4학년군>

초3-4학년 [듣기·말하기]	초3-4학년 [읽기]	초3-4학년 [쓰기]
[4국어01-02] 요청하는 말을 듣고 이해하여 행동으로 나타낸다.	[4국어02-01] 바른 자세로 친숙한 단어를 소리 내어 읽는다.	[4국어03-01] 다양한 방법으로 글자 모양을 만든다.
말 듣고 행동하기	친숙한 단어 읽기	글자모양

<초5~6학년군>

초5-6학년 [듣기·말하기]	초5-6학년 [읽기]	초5-6학년 [쓰기]
[6국어01-02] 모습과 행동을 단어나 문장으로 표현한다.	[6국어02-01] 글자의 구성 요소와 짜임을 익혀 단어를 소리 내어 읽는다.	[6국어03-01] 글자의 짜임을 알고 획순에 따라 한글 자모를 쓴다.
모습과 행동 파악하고 말하기	글자의 구성요소	글자의 짜임과 획순

같은 학년군별로 성취기준을 분류하면 관련 정보를 수집하기가 좋습니다.

2 교육과정을 재구성할 때 활용합니다.

특수학교의 학년 교육계획 또는 통합학급 교육과정 운영계획을 확인한 뒤, 이를 바탕으로 학급 교육과정을 재구성할 때 기본-공통 이음 카드를 활용합니다.

2-1. 관련 있는 성취기준을 요목화하여 배치하기

내용 요소가 유사하거나 함께 가르쳤을 때 특수교육대상 학생의 이해 정도를 높일 수 있는 성취기준을 모아서 요목화하면 수업 설계에 도움이 됩니다.

초3-4학년 [듣기·말하기]	초3-4학년 [쓰기]
[4국어01-01] 일상생활이나 자신과 관련된 단어를 사용하여 의사를 표현한다.	[4국어03-03] 나와 관련 있는 친숙한 글자를 보고 쓰면서 쓰기 활동에 관심을 가진다.
일상생활과 관련된 단어	친숙한 글자

초3-4학년 [읽기]	초3-4학년 [도형]
[4국어02-02] 그림책이나 환경 인쇄물 등에서 단어, 상징의 의미를 파악한다.	[4수학02-01] 교실 및 생활 주변에서 볼 수 있는 사물에서 여러 가지 입체 모양을 찾는다.
상징, 글자의 의미	입체 모양 찾기

2-2. 학교 비전과 교사 교육과정을 잇는 소주제의 근거 찾기

학교 비전 실현을 위한 세부 목표	학생 실태	교육활동 내용	교육과정 근거 찾기
예절과 배려를 실천하는 마음이 따뜻한 어린이	바른 언어 습관 형성이 필요함	바르고 고운 언어 습관 기르기 - 바르게 대화해야 하는 이유 - 바르게 대화하기 - 대화 예절 알기 - 대상에 따른 대화 나누기	초5-6학년 [듣기·말하기] [6국어01-05] 바르고 고운 말을 사용하여 대화한다. 바르고 고운 말 [공통교육과정 관련 성취기준] [2국01-02] 바르고 고운 말로 서로의 감정을 나누며 듣고 말한다. [4국01-04] 상황과 상대의 입장을 이해하고 예의를 지키며 대화한다.

성취기준별로 주요 내용 요소를 추출하고 수업을 설계합니다. 이때 학교 비전과 학생 실태를 반영하여 교사 교육과정의 목표에 따라 세부 교육활동을 구체적으로 세우게 됩니다. 이 과정에서 필요한 관련 성취기준을 찾을 때 도움이 됩니다.

2-3. 주제와 관련한 성취기준 배치하기

교사 교육과정에서 다루고자 하는 대주제를 정하였다면 그에 따른 다양한 수업아이디어를 조직화하는 작업을 하게 됩니다. 전체 수업 차시 진행에 맞도록 수업아이디어를 재배치할 때, 교과별 관련된 성취기준 카드를 배치하여 전체 구성 및 세부 사항(차시, 학습준비물 등)을 정할 수 있습니다. 수업아이디어를 구체화하기 위한 성취기준을 모은 후 카드의 순서는 자유롭게 배치할 수 있습니다.

1	선정된 동화책 주요 장면 읽고 내용 알기 바르고 고운 말의 중요성 알기 흥미로운 동화책 선택하여 바르게 읽기	초5-6학년 [읽기] [6국어02-05] 다양한 매체 자료와 글에 흥미를 느끼고, 올바른 읽기 습관을 기른다. 바람직한 읽기 습관
2	바른 대화의 예시 장면 듣기 바르고 고운 말의 종류 조사하기 상황과 대상에 알맞은 대화 방법 알아보기 역할놀이하기	초5-6학년 [듣기·말하기] [6국어01-05] 바르고 고운 말을 사용하여 대화한다. 바르고 고운 말
3	여러 가지 모양으로 무늬 꾸미기 여러 가지 색으로 규칙적인 무늬 꾸미기 캠페인을 위한 스티커 디자인하기 바르고 고운 말 쓰기 캠페인을 위한 작품 발표회 바르고 고운 말 쓰기 캠페인 활동	초5-6학년 [규칙성] [6수학04-04] 여러 가지 모양과 색 등을 활용하여 규칙적인 무늬를 꾸민다. 규칙적인 무늬 꾸미기

3 교육과정 연구모임에서 활용할 수 있습니다.

교육과정-수업-평가 일체화 연구를 하거나 그와 관련된 전문적 학습공동체, 교사 연수를 진행할 때, 학년별 성취기준 카드를 분류하고 임의의 집단을 학년별로 나누어 모의 수업 및 평가계획을 작성하는 데 활용할 수 있습니다.

4 기본 교육과정과 공통교육과정의 관련성을 확인할 때 활용할 수 있습니다.

특수학급의 경우 해당 학년군의 편제와 시간을 따라야 하는 것이 원칙이나, 학생의 교육적 요구를 고려하여 특수교육 교육과정의 교과(군) 내용과 연계하거나 대체하여 수업을 설계할 수 있습니다. 여기서 중요한 것은 성취기준의 주요 내용과 연계되는지 확인하는 작업이 먼저 고려되어야 한다는 것입니다. 즉, 세부 영역과 내용·기능적 요소가 맥락적으로 부합되는지 대강의 흐름을 확인할 필요가 있습니다. 이를 검토할 수 있도록 카드 뒷면에 관련된 공통 교육과정 성취기준을 학년별로 제시했습니다. 이때, 기본 교육과정 성취기준이 학생 실태에 따라 내용 대체의 방법으로 활용될 수 있는 요소(영역, 내용, 기능 中)가 하나라도 있다면 모두 반영하여 기재하였습니다. 따라서 학생 실태 및 장애 정도와 특성에 따라 성취기준 해석의 관점은 다양해질 수 있습니다.

중1-3학년	[쓰기]
[9국어03-01] 사물의 이름, 존재, 상태, 동작을 나타내는 단어를 바르게 쓴다.	
단어쓰기	

[공통교육과정 관련 성취기준]
[2국03-01] 글자와 단어를 바르게 쓴다. [2국04-02] 소리와 표기가 다를 수 있음을 알고 단어를 바르게 읽고 쓴다. [4국04-02] 단어를 분류하고 국어사전을 활용하여 능동적인 국어활동을 한다.

➜ 내용, 기능요소가 유사하거나 혹은 함께 가르쳤을 때 특수교육대상 학생의 이해 정도를 높일 수 있는 성취기준을 모아 반영하여 기재하였습니다.

4) 기본-공통 이음 카드를 활용하여 교육과정 설계하기

주제 중심의 교육과정을 재구성하기 위해서는 가장 먼저 해당 학년의 지도 교과에 대한 시간 배당 확인이 필요합니다. 연간 수업 시수 및 학기별 수업 시수를 확인한 후, 교과별 성취기준을 분석합니다. 이때 각 성취기준의 내용 요소와 기능요소를 분석합니다. 분석한 성취기준을 교과 단원과 연결 짓기를 한 후, 교과별 성취기준에 해당하는 평가 기준 자료가 있는 경우[4] 평가 기준 내용도 확인해 줍니다. 교과별 성취기준과 단원 간 연결 짓기는 학기별로 따로 작업하는 것보다 1년 단위로 같이 하는 것을 추천합니다. 이는 한 해 동안 다루어야 할 성취기준이 단원과 어떻게 연결되어 있는지 파악할 수 있습니다.

마지막으로 분석된 성취기준에서 평가 요소를 추출하여 평가 과제를 개발합니다.

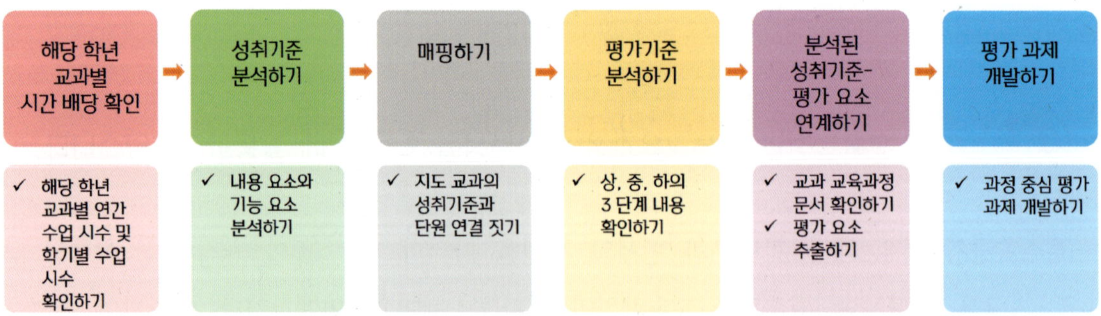

이 과정에서 특수교육 교육과정의 교과(군) 내용과 연계하거나 대체하여야 하는 경우, 성취기준 분석하기 단계에서 기본-공통 이음 카드를 활용할 수 있습니다.

---

4) 2015 개정 교육과정(공통교육과정)의 경우, 한국교육과정평가원에서 연구·개발한 「2015 개정 교육과정에 따른 평가기준」자료를 활용합니다.

다음 자료를 살펴보겠습니다. 이 교사는 '관계'라는 주제 중심 교육과정을 운영하기 위해서 특수교육 「교·수·평 일체화」를 위한 재구성 카드[5]로 대주제-소주제-매개체-핵심역량-수업 방법-평가 방법 순으로 정리하였습니다.

'관계'라는 대주제는 우리 주변 환경과의 관계, 그리고 친구, 가족, 선생님과의 관계로 나를 둘러싼 환경과의 관계라고 말할 수 있습니다. 이 관계 능력을 길러주기 위해 의사소통과 환경이라는 2개의 소주제를 정하였고, 그 가운데 환경은 자연의 변화(사계절)부터 다루기로 하였습니다. 아래에 제시된 소주제는 의사소통에 해당하는 감정과 사계절에 해당하는 여름입니다. 그리고 수업 매개체로 주제에 맞는 그림책을 활용하기로 하였으며, 주된 수업 방법은 제작 활동 평가 방법은 작품평가로 계획하였습니다.

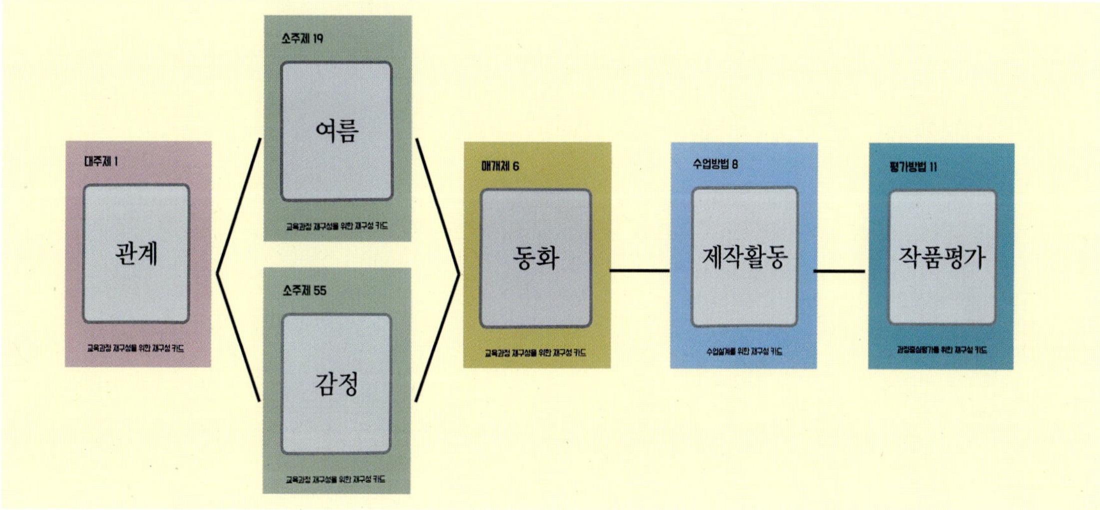

이 교사는 2학년과 4학년을 대상으로 주제 학습에 필요한 성취기준을 분석한 후, 기본 교육과정의 국어과에서 관련 내용을 다루는 성취기준을 기본-공통 이음 카드에서 찾았습니다.

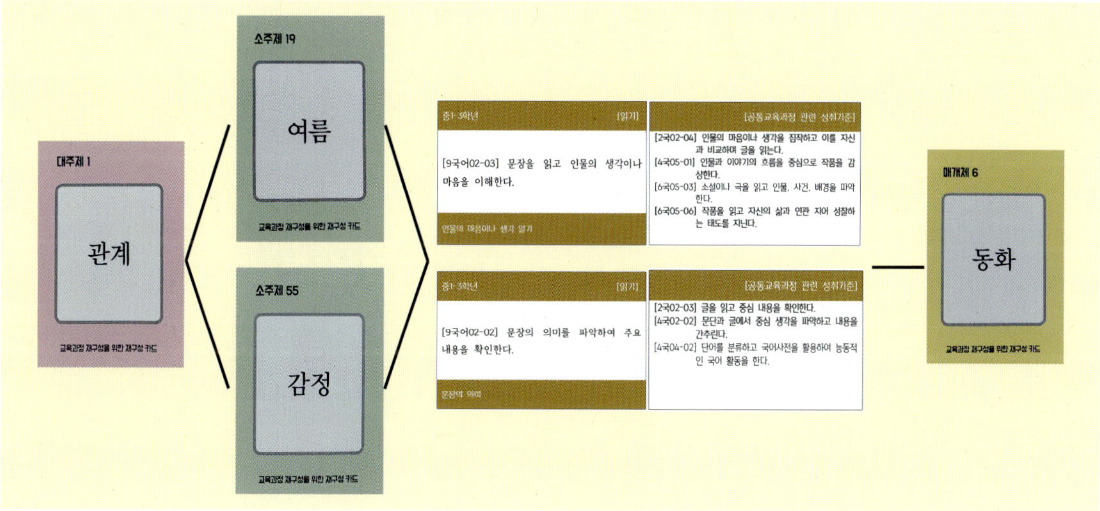

---

5) 한경화, 정명철 저(2020), 교육과학사

이처럼 기본-공통 이음 카드는 특수학급의 경우, 해당 학년군의 교육과정 성취기준을 기반으로 기본 교육과정에서 관련 내용을 다루는 성취기준을 찾을 때 활용할 수 있습니다. 특수학교에서도 타 학년군의 교육과정 내용으로 대체할 때 기본-공통 이음 카드를 활용하여 관련 내용을 다루는 성취기준을 찾을 때 활용할 수 있습니다.

학급경영 계획

실습

1) 나만의 교육관 세우기

★ 아래 질문의 답을 선생님만의 방식으로 자유롭게 표현해 봅시다.

① 선생님으로서 가장 행복했던 순간은 언제였나요?

② 선생님이 만나는 학생들을 떠올려 본 후, 한 문장으로 표현해 볼까요?

③ 그 학생들이 어떤 모습의 어른으로 자라길 바라나요?

④ 선생님이 꿈꾸고 그리는 교실의 모습은 무엇인가요?

2) 교육과정에 담고 싶은 가치별 찾기6)

감동	관용	도움	사랑	연대	자각	준법정신	평등
감사	교감	도전	생태	열정	자부심	즐거움	평온
개방성	권리	돌봄	성실	예절	자신감	지혜	평화
건강	근면	만족	성찰	용기	자유	진정성	한결같음
격려	긍정	몰입	소통	용서	자율	참여	합리적 의사결정
결단	기뻐함	문제 해결	수용	우정	자존감	참여	행복
겸손	기여	민주	신뢰	유머	절제	창의성	협동
경외심	깨달음	믿음	신중	유연함	정당성	창의적 사고	협력
경청	꿈	배려	실천	윤리의식	정돈	책임	호기심
공감	끈기	배움	안전	의무	정의	청렴	환경의식
공동체	나눔	보람	약속	이해	정직	친절	활력
공익성	너그러움	복지	양보	인권	존중	타협	효도
공정	노력	봉사	양성평등	인내	주인의식	탁월함	휴식
관계	다양성	비판적 사고	여유	인정	준법	통찰	희망

6) 가치별에 제시된 가치 목록은 학토재에서 나오는 민주시민 가치딱지, 이미지 프리즘 씨앗(덕목), 고마워 스티커를 참고하였습니다.

3) 학급 교육관을 한 문장으로 정리하기

4) 교육관 나침반 만들기

⭐ 나만의 교육관을 교육관 나침반에 작성해 봅시다.

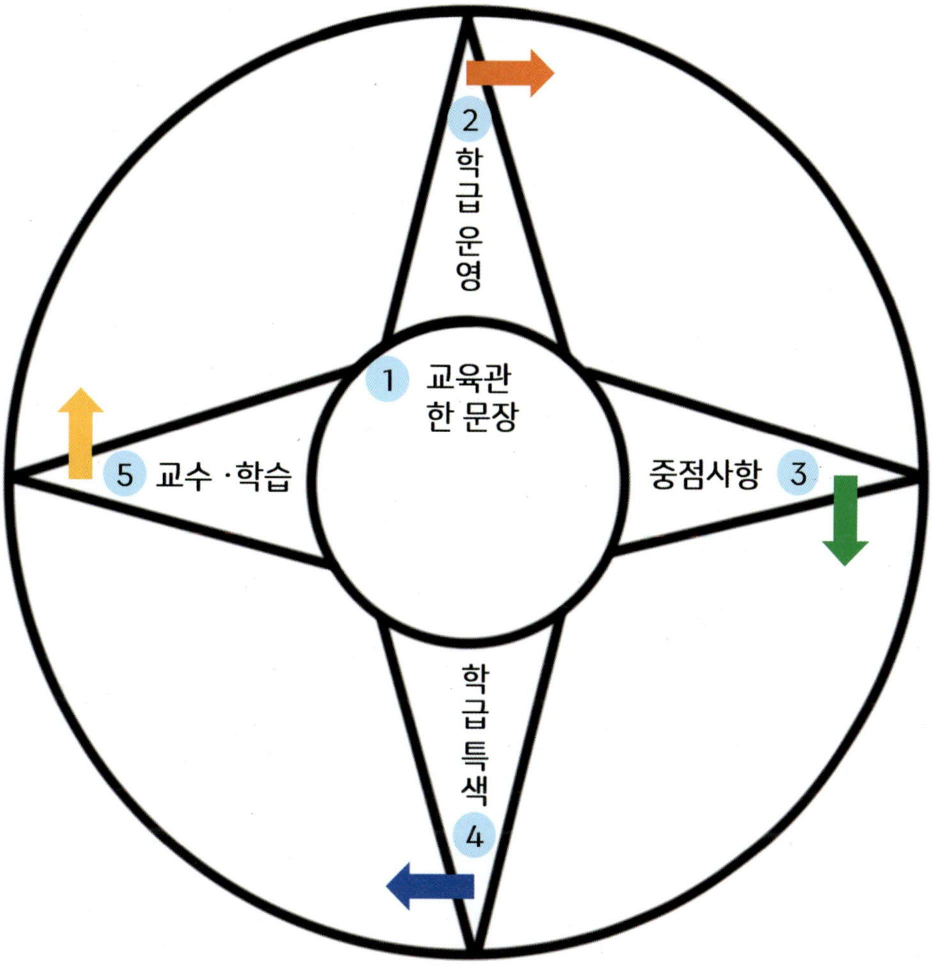

5) 우리 학급 진단 및 분석하기

학생	학부모

학교	지역사회

6) 교육 목표 설정하기

비전				
목표				
교육 중점				

7) 학급 특색교육 활동 구상하기

① 우리 반 학생에게 왜 필요한가?
② 언제 할 것인가?
③ 무엇을 할 것인가?
④ 어떻게 할 것인가?
⑤ 기대되는 효과는 무엇인가?
⑥ 특색교육 활동을 한 문장으로 표현한다면?

★ 학급 특색교육 활동을 계획해 봅시다.

왜 필요한가?

언제	무엇을	어떻게

기대되는 효과는 무엇인가?

특색교육 활동을 한 문장으로 표현한다면?

8) 교육과정 편성 · 운영하기

⭐ 우리 반 기초 시간표 작성을 위한 시수를 확인해 봅시다.

공통

1~2학년

<table>
<tr><th colspan="2" rowspan="3">구분</th><th rowspan="3">기준
시수</th><th rowspan="3">편성
시수</th><th colspan="6">(　　)학년</th></tr>
<tr><th colspan="3">(　　　　) 학년도</th><th colspan="3">(　　　　) 학년도</th></tr>
<tr><th>1학기</th><th>2학기</th><th>계</th><th>1학기</th><th>2학기</th><th>계</th></tr>
<tr><td rowspan="6">교과
(군)</td><td>국어</td><td></td><td></td><td></td><td></td><td></td><td></td><td></td><td></td></tr>
<tr><td>수학</td><td></td><td></td><td></td><td></td><td></td><td></td><td></td><td></td></tr>
<tr><td>바른 생활</td><td></td><td></td><td></td><td></td><td></td><td></td><td></td><td></td></tr>
<tr><td>슬기로운 생활</td><td></td><td></td><td></td><td></td><td></td><td></td><td></td><td></td></tr>
<tr><td>즐거운 생활</td><td></td><td></td><td></td><td></td><td></td><td></td><td></td><td></td></tr>
<tr><td>소계</td><td></td><td></td><td></td><td></td><td></td><td></td><td></td><td></td></tr>
<tr><td rowspan="3">창의적
체험활동</td><td>자율 · 자치 활동</td><td rowspan="3"></td><td></td><td></td><td></td><td></td><td></td><td></td><td></td></tr>
<tr><td>동아리 활동</td><td></td><td></td><td></td><td></td><td></td><td></td><td></td></tr>
<tr><td>진로 활동</td><td></td><td></td><td></td><td></td><td></td><td></td><td></td></tr>
<tr><td colspan="2">총계</td><td></td><td></td><td></td><td></td><td></td><td></td><td></td><td></td></tr>
</table>

공통

3~6학년

<table>
<tr><th colspan="3" rowspan="3">구분</th><th rowspan="3">기준
시수</th><th rowspan="3">편성
시수</th><th colspan="6">(　　)학년</th></tr>
<tr><th colspan="3">(　　　　) 학년도</th><th colspan="3">(　　　　) 학년도</th></tr>
<tr><th>1학기</th><th>2학기</th><th>계</th><th>1학기</th><th>2학기</th><th>계</th></tr>
<tr><td rowspan="10">교과
(군)</td><td colspan="2">국어</td><td></td><td></td><td></td><td></td><td></td><td></td><td></td><td></td></tr>
<tr><td rowspan="2">사회/
도덕</td><td>사회</td><td rowspan="2"></td><td></td><td></td><td></td><td></td><td></td><td></td><td></td></tr>
<tr><td>도덕</td><td></td><td></td><td></td><td></td><td></td><td></td><td></td></tr>
<tr><td colspan="2">수학</td><td></td><td></td><td></td><td></td><td></td><td></td><td></td><td></td></tr>
<tr><td colspan="2">과학</td><td></td><td></td><td></td><td></td><td></td><td></td><td></td><td></td></tr>
<tr><td colspan="2">체육</td><td></td><td></td><td></td><td></td><td></td><td></td><td></td><td></td></tr>
<tr><td rowspan="2">예술
(음악/미술)</td><td>음악</td><td rowspan="2"></td><td></td><td></td><td></td><td></td><td></td><td></td><td></td></tr>
<tr><td>미술</td><td></td><td></td><td></td><td></td><td></td><td></td><td></td></tr>
<tr><td colspan="2">영어</td><td></td><td></td><td></td><td></td><td></td><td></td><td></td><td></td></tr>
<tr><td colspan="2">소계</td><td></td><td></td><td></td><td></td><td></td><td></td><td></td><td></td></tr>
<tr><td rowspan="3">창의적
체험활동</td><td colspan="2">자율 · 자치 활동</td><td rowspan="3"></td><td rowspan="3"></td><td></td><td></td><td></td><td></td><td></td><td></td></tr>
<tr><td colspan="2">동아리 활동</td><td></td><td></td><td></td><td></td><td></td><td></td></tr>
<tr><td colspan="2">진로 활동</td><td></td><td></td><td></td><td></td><td></td><td></td></tr>
<tr><td colspan="3">총계</td><td></td><td></td><td></td><td></td><td></td><td></td><td></td><td></td></tr>
</table>

기본

1~2학년

<table>
<tr><th colspan="2" rowspan="3">구분</th><th rowspan="3">기준 시수</th><th rowspan="3">편성 시수</th><th colspan="6">(　　)학년</th></tr>
<tr><th colspan="3">(　　　) 학년도</th><th colspan="3">(　　　) 학년도</th></tr>
<tr><th>1학기</th><th>2학기</th><th>계</th><th>1학기</th><th>2학기</th><th>계</th></tr>
<tr><td rowspan="6">교과(군)</td><td>국어</td><td></td><td></td><td></td><td></td><td></td><td></td><td></td><td></td></tr>
<tr><td>수학</td><td></td><td></td><td></td><td></td><td></td><td></td><td></td><td></td></tr>
<tr><td>바른 생활</td><td></td><td></td><td></td><td></td><td></td><td></td><td></td><td></td></tr>
<tr><td>슬기로운 생활</td><td></td><td></td><td></td><td></td><td></td><td></td><td></td><td></td></tr>
<tr><td>즐거운 생활</td><td></td><td></td><td></td><td></td><td></td><td></td><td></td><td></td></tr>
<tr><td>소계</td><td></td><td></td><td></td><td></td><td></td><td></td><td></td><td></td></tr>
<tr><td rowspan="3">창의적 체험활동</td><td>자율·자치 활동</td><td rowspan="3"></td><td></td><td></td><td></td><td></td><td></td><td></td><td></td></tr>
<tr><td>동아리 활동</td><td></td><td></td><td></td><td></td><td></td><td></td><td></td></tr>
<tr><td>진로 활동</td><td></td><td></td><td></td><td></td><td></td><td></td><td></td></tr>
<tr><td colspan="2">일상생활 활동</td><td></td><td></td><td></td><td></td><td></td><td></td><td></td><td></td></tr>
<tr><td colspan="2">총계</td><td></td><td></td><td></td><td></td><td></td><td></td><td></td><td></td></tr>
</table>

기본

3~6학년

<table>
<tr><th colspan="3" rowspan="3">구분</th><th rowspan="3">기준 시수</th><th rowspan="3">편성 시수</th><th colspan="6">(　　)학년</th></tr>
<tr><th colspan="3">(　　　) 학년도</th><th colspan="3">(　　　) 학년도</th></tr>
<tr><th>1학기</th><th>2학기</th><th>계</th><th>1학기</th><th>2학기</th><th>계</th></tr>
<tr><td rowspan="9">교과(군)</td><td colspan="2">국어</td><td></td><td></td><td></td><td></td><td></td><td></td><td></td><td></td></tr>
<tr><td rowspan="2">사회/도덕</td><td>사회</td><td rowspan="2"></td><td></td><td></td><td></td><td></td><td></td><td></td><td></td></tr>
<tr><td>도덕</td><td></td><td></td><td></td><td></td><td></td><td></td><td></td></tr>
<tr><td colspan="2">수학</td><td></td><td></td><td></td><td></td><td></td><td></td><td></td><td></td></tr>
<tr><td colspan="2">과학</td><td></td><td></td><td></td><td></td><td></td><td></td><td></td><td></td></tr>
<tr><td colspan="2">체육</td><td></td><td></td><td></td><td></td><td></td><td></td><td></td><td></td></tr>
<tr><td rowspan="2">예술(음악/미술)</td><td>음악</td><td rowspan="2"></td><td></td><td></td><td></td><td></td><td></td><td></td><td></td></tr>
<tr><td>미술</td><td></td><td></td><td></td><td></td><td></td><td></td><td></td></tr>
<tr><td colspan="2">소계</td><td></td><td></td><td></td><td></td><td></td><td></td><td></td><td></td></tr>
<tr><td rowspan="3">창의적 체험활동</td><td colspan="2">자율·자치 활동</td><td rowspan="3"></td><td rowspan="3"></td><td></td><td></td><td></td><td></td><td></td><td></td></tr>
<tr><td colspan="2">동아리 활동</td><td></td><td></td><td></td><td></td><td></td><td></td></tr>
<tr><td colspan="2">진로 활동</td><td></td><td></td><td></td><td></td><td></td><td></td></tr>
<tr><td colspan="3">일상생활 활동</td><td></td><td></td><td></td><td></td><td></td><td></td><td></td><td></td></tr>
<tr><td colspan="3">총계</td><td></td><td></td><td></td><td></td><td></td><td></td><td></td><td></td></tr>
</table>

9) 교육과정 주제 정하고 매핑하기

① 학생이 흥미와 관심을 갖고 있는 것은 무엇인가요?
② 우리는 지금, 여기에서, 무엇을, 왜 배워야 할까요?
③ 그것은 학생의 삶과 연계되어 있나요?
④ 학생의 삶과 연계된 깊이 있는 배움을 위해 언제, 어디에서, 무엇을, 어떻게 평가할 것인가요?

10) 의무교육 및 학교 전체 · 학년 교육활동 확인하기

성교육			인권교육
특수학급 행사			통합학급 행사 / 범교과

11) 평가하기

새롭게 시도한 점	어려움을 극복한 점
운영하고 나서 좋았던 점	아쉬웠던 점

제2부

학급경영을 위한 성취기준 분석

교육과정 설계를 위한
교과 영역별 내용체계표

국어-듣기 · 말하기

기본 교육과정				
핵심 아이디어	• 듣기 · 말하기는 말소리, 준언어, 비언어, 보완대체의사소통, 매체를 활용하여 의미를 수용하고 표현하는 과정이다. • 말하는 이와 듣는 이는 서로의 의사소통 표현 방식과 이해 능력을 고려하여 상황 맥락에 적합한 전략을 사용하여 듣고 말한다. • 말하는 이와 듣는 이는 상호 존중의 대화 예절을 지키며, 적극적으로 듣고 말한다.			
학년군	성취기준	지식 · 이해(알다)	과정 · 기능(하다)	가치 · 태도(되다)
초 1-2	[2국어01-01] 여러 가지 소리의 의미를 이해하고 구별한다.	• 여러 가지 소리	• 소리 듣고 구별하기	
	[2국어01-02] 표정과 몸짓의 의미를 이해하고, 표정과 몸짓으로 감정이나 요구를 표현한다.	• 표정과 몸짓	• 표정과 몸짓으로 의사 표현하기	
	[2국어01-03] 다양한 방법으로 의사소통을 시도한다.	• 의사소통 의도	• 말소리, 상징, 보완대체의사소통 기기로 의사 표현하기	
	[2국어01-04] 의사소통에 자발적이고 적극적으로 참여한다.			• 자발적인 의사 표현
초 3-4	[4국어01-01] 일상생활이나 자신과 관련된 단어를 사용하여 의사를 표현한다.	• 일상생활과 관련된 단어 • 자신과 관련된 단어	• 친숙한 단어를 사용하여 말하기	
	[4국어01-02] 요청하는 말을 듣고 이해하여 행동으로 나타낸다.	• 움직임을 나타내는 말	• 말 듣고 행동하기	
	[4국어01-03] 자신과 관련된 간단한 질문에 대답한다.	• 자신과 관련된 단어	• 간단한 질문에 대답하기	
	[4국어01-04] 바른 자세로 대화에 참여한다.		• 대화에 참여하기	• 대화의 바른 자세
초 5-6	[6국어01-01] 단어와 문장을 듣고 뜻을 파악한다.	• 단어와 문장	• 문장 형태의 말 듣고 의미 파악하기	
	[6국어01-02] 모습과 행동을 단어나 문장으로 표현한다.	• 성질이나 상태를 나타내는 말	• 모습과 행동 파악하고 말하기	

	[6국어01-03] 시간이나 장소를 나타내는 말을 사용하여 경험한 일을 상대방에게 전달한다.	• 시간, 장소를 나타내는 말	• 경험한 일 표현하기	
	[6국어01-04] 묻는 말의 의미를 이해하여 적절한 질문과 대답을 한다.	• 묻는 말	• 질문과 대답하기	
	[6국어01-05] 바르고 고운 말을 사용하여 대화한다.			• 바르고 고운 말 사용
중 1-3	[9국어01-01] 상대방의 이야기를 듣고 주요 내용을 파악한다.		• 말 듣고 주요 내용 파악하기	
	[9국어01-02] 사건이나 사실을 분명하게 전달한다.		• 사실과 느낌 표현하기	
	[9국어01-03] 준언어적, 비언어적 표현 요소를 활용하여 자신의 감정이나 느낌을 표현한다.	• 준언어적, 비언어적 표현 • 느낌을 나타내는 말		
	[9국어01-04] 대화 예절을 지키며 상대방의 말에 적절한 질문과 대답으로 대화를 이어 간다.		• 질문과 대답으로 대화 이어 가기	• 대화 예절
	[9국어01-05] 인사말과 높임 표현을 사용하여 상황과 상대방에 따라 적절하게 말한다.	• 높임 표현	• 상황과 상대방에게 맞게 대화하기	
고 1-3	[12국어01-01] 정보를 전달하는 말을 듣고 자신에게 필요한 내용을 파악한다.	• 정보를 전하는 말	• 말 듣고 필요한 정보 파악하기	
	[12국어01-02] 상대방의 말에 적절히 반응하며 공감하는 대화를 한다.		• 상대방의 말에 반응하며 듣기	• 공감하는 대화
	[12국어01-03] 생각을 주고받으며 대화를 나눈다.	• 생각을 나타내는 말	• 생각 표현하기	
	[12국어01-04] 대화 목적에 따라 적절한 내용과 태도로 말한다.	• 대화의 목적	• 목적에 맞게 대화하기	
	[12국어01-05] 다양한 매체와 매체 자료를 활용하여 의사소통한다.	• 매체를 활용한 의사소통 방법	• 매체를 활용한 듣기와 말하기	

<table>
<tr><th colspan="6">공통 교육과정</th></tr>
<tr><td>핵심 아이디어</td><td colspan="5">• 듣기 · 말하기는 언어, 준언어, 비언어, 매체 등을 활용하여 서로의 생각과 감정을 주고받는 행위이다.
• 화자와 청자는 상황 맥락 및 사회 · 문화적 맥락 속에서 의사소통 목적을 달성하기 위하여 다양한 유형의 담화를 듣고 말한다.
• 화자와 청자는 의사소통 과정에 협력적으로 참여하고 듣기 · 말하기 과정에서의 문제를 해결하기 위해 적절한 전략을 사용하여 듣고 말한다.
• 화자와 청자는 듣기 · 말하기에 흥미를 가지고 적극적으로 참여하면서 담화 공동체 구성원으로 성장하고, 상호 존중하고 공감하는 소통 문화를 만들어 간다.</td></tr>
<tr><th>학년군</th><th>성취기준</th><th>지식 · 이해
(알다)</th><th colspan="2">과정 · 기능
(하다)</th><th>가치 · 태도
(되다)</th></tr>
<tr><td rowspan="5">초 1-2</td><td>[2국01-01] 중요한 내용이나 일이 일어난 순서를 고려하며 듣고 말한다.</td><td rowspan="5">• 상황 맥락
• 대화
• 발표</td><td colspan="2">• 중요한 내용 확인하기
• 일이 일어난 순서 파악하기</td><td rowspan="4"></td></tr>
<tr><td>[2국01-02] 바르고 고운 말로 서로의 감정을 나누며 듣고 말한다.</td><td colspan="2">• 바르고 고운 말로 표현하기
• 감정 나누기</td></tr>
<tr><td>[2국01-03] 상대의 말을 집중하여 듣고 말차례를 지키며 대화한다.</td><td colspan="2">• 집중하기
• 말차례 지키기</td></tr>
<tr><td>[2국01-04] 자신의 경험이나 생각을 바른 자세로 발표한다.</td><td colspan="2">• 경험과 배경지식 활용하기
• 바른 자세로 말하기</td></tr>
<tr><td>[2국01-05] 듣기와 말하기에 관심과 흥미를 가진다.</td><td colspan="2"></td><td>• 듣기 · 말하기에 대한 흥미</td></tr>
<tr><td rowspan="6">초 3-4</td><td>[4국01-01] 중요한 내용과 주제를 파악하며 듣고 그 내용을 요약한다.</td><td rowspan="6">• 상황 맥락
• 대화
• 발표
• 토의</td><td>• 중요한 내용과 주제 파악하기
• 내용 요약하기</td><td rowspan="6">• 듣기 · 말하기 과정과 전략에 대해 점검 · 조정하기</td><td rowspan="6">• 듣기 · 말하기 효능감</td></tr>
<tr><td>[4국01-02] 원인과 결과의 관계를 고려하여 내용을 예측하며 듣고 말한다.</td><td>• 원인과 결과 파악하기
• 내용 예측하기</td></tr>
<tr><td>[4국01-03] 상황에 적절한 준언어 · 비언어적 표현을 활용하여 듣고 말한다.</td><td>• 준언어 · 비언어적 표현 활용하기</td></tr>
<tr><td>[4국01-04] 상황과 상대의 입장을 이해하고 예의를 지키며 대화한다.</td><td>• 상황과 상대의 입장 이해하기
• 예의를 지키며 듣고 말하기</td></tr>
<tr><td>[4국01-05] 목적과 주제에 알맞게 자료를 정리하여 자신감 있게 발표한다.</td><td>• 목적과 주제 고려하기
• 자료 정리하기</td></tr>
<tr><td>[4국01-06] 주제에 적절한 의견과 이</td><td>• 주제에 적절한</td></tr>
</table>

	유를 제시하고 서로의 생각을 교환하며 토의한다.		의견과 이유 제시하기 • 의견 교환하기		
초 5-6	[6국01-01] 대화에서 생략된 내용을 추론하며 듣는다.	• 상황 맥락 • 사회・문화적 맥락 • 대화 • 면담 • 발표 • 토의 • 토론	• 생략된 내용 추론하기	• 듣기・말하기 과정과 전략에 대해 점검・조정하기	• 듣기・말하기에 적극적 참여
	[6국01-02] 주장을 파악하고 이유나 근거가 타당한지 평가하며 듣는다.		• 주장, 이유, 근거가 타당한지 평가하기		
	[6국01-03] 주제와 관련하여 궁금한 내용을 질문하며 적극적으로 듣고 말한다.		• 궁금한 내용 질문하기		
	[6국01-04] 면담의 절차를 이해하고 상대와 매체를 고려하여 면담한다.		• 청자와 매체 고려하기		
	[6국01-05] 자료를 선별하여 핵심 정보를 중심으로 내용을 구성하고 매체를 활용하여 발표한다.		• 자료 선별하기 • 핵심 정보 중심으로 내용 구성하기 • 매체 활용하여 전달하기		
	[6국01-06] 토의에 협력적으로 참여하며 서로의 의견을 비교하고 조정한다.		• 협력적으로 참여하기 • 의견 비교하기 및 조정하기		
	[6국01-07] 절차와 규칙을 지키고 타당한 이유와 근거를 제시하며 토론한다.		• 주장, 이유, 근거로 내용 구성하기 • 절차와 규칙 준수하기		

기본 교육과정					
핵심 아이디어	1-2	3-4	5-6	중1-3	고1-3
• 듣기・말하기는 말소리, 준언어, 비언어, 보완대체의사소통, 매체를 **활용**하여 의미를 **수용**하고 **표현**하는 과정이다. • 말하는 이와 듣는 이는 서로의 의사소통 표현 방식과 이해 능력을 고려하여 **상황 맥락에 적합한 전략을 사용**하여 듣고 말한다. • 말하는 이와 듣는 이는 상호 존중의 **대화 예절**을 지키며, **적극적으로** 듣고 말한다.	[2국어01-01] 여러 가지 소리의 의미를 이해하고 구별한다.	[4국어01-01] 일상생활이나 자신과 관련된 단어를 사용하여 의사를 표현한다.	[6국어01-01] 단어와 문장을 듣고 뜻을 파악한다.	[9국어01-01] 상대방의 이야기를 듣고 주요 내용을 파악한다.	[12국어01-01] 정보를 전달하는 말을 듣고 자신에게 필요한 내용을 파악한다.
	[2국어01-02] 표정과 몸짓의 의미를 이해하고, 표정과 몸짓으로 감정이나 요구를 표현한다.	[4국어01-02] 요청하는 말을 듣고 이해하여 행동으로 나타낸다.	[6국어01-02] 모습과 행동을 단어나 문장으로 표현한다.	[9국어01-02] 사건이나 사실을 분명하게 전달한다.	[12국어01-02] 상대방의 말에 적절히 반응하며 공감하는 대화를 한다.
	[2국어01-03] 다양한 방법으로 의사소통을 시도한다.	[4국어01-03] 자신과 관련된 간단한 질문에 대답한다.	[6국어01-03] 시간이나 장소를 나타내는 말을 사용하여 경험한 일을 상대방에게 전달한다.	[9국어01-03] 준언어적, 비언어적 표현 요소를 활용하여 자신의 감정이나 느낌을 표현한다.	[12국어01-03] 생각을 주고받으며 대화를 나눈다.
	[2국어01-04] 의사소통에 자발적이고 적극적으로 참여한다.	[4국어01-04] 바른 자세로 대화에 참여한다.	[6국어01-04] 묻는 말의 의미를 이해하여 적절한 질문과 대답을 한다.	[9국어01-04] 대화 예절을 지키며 상대방의 말에 적절한 질문과 대답으로 대화를 이어 간다.	[12국어01-04] 대화 목적에 따라 적절한 내용과 태도로 말한다.
			[6국어01-05] 바르고 고운 말을 사용하여 대화한다.	[9국어01-05] 인사말과 높임 표현을 사용하여 상황과 상대방에 따라 적절하게 말한다.	[12국어01-05] 다양한 매체와 매체 자료를 활용하여 의사소통한다.

공통 교육과정			
핵심 아이디어	1-2	3-4	5-6
• 듣기·말하기는 **언어, 준언어, 비언어, 매체** 등을 **활용**하여 서로의 **생각과 감정을 주고받는 행위**이다.	[2국01-01] 중요한 내용이나 일이 일어난 순서를 고려하며 듣고 말한다.	[4국01-01] 중요한 내용과 주제를 파악하며 듣고 그 내용을 요약한다.	[6국01-01] 대화에서 생략된 내용을 추론하며 듣는다.
	[6국어01-01] [6국어01-03] **[9국어01-01]** [9국어01-02] [12국어01-01]	**[6국어01-01] [9국어01-01] [12국어01-01]**	[4국어01-01] [12국어01-02]
	[2국01-02] 바르고 고운 말로 서로의 감정을 나누며 듣고 말한다.	[4국01-02] 원인과 결과의 관계를 고려하여 내용을 예측하며 듣고 말한다.	[6국01-02] 주장을 파악하고 이유나 근거가 타당한지 평가하며 듣는다.
	[2국어01-02] [4국어01-02] [6국어01-03] **[6국어01-05] [9국어01-03] [9국어01-05]** [12국어01-02] [12국어01-04]	[12국어01-04]	
• 화자와 청자는 상황 맥락 및 사회·문화적 **맥락** 속에서 의사소통 목적을 달성하기 위하여 **다양한 유형의 담화**를 듣고 말한다.	[2국01-03] 상대의 말을 집중하여 듣고 말차례를 지키며 대화한다.	[4국01-03] 상황에 적절한 준언어·비언어적 표현을 활용하여 듣고 말한다.	[6국01-03] 주제와 관련하여 궁금한 내용을 질문하며 적극적으로 듣고 말한다.
	[2국어01-01] [4국어01-04] [6국어01-02] [6국어01-04] **[9국어01-04]**	**[2국어01-02] [4국어01-04]** [6국어01-04] [9국어01-03]	**[9국어01-04] [12국어01-03]**
• 화자와 청자는 의사소통 과정에 **협력적으로 참여**하고 듣기·말하기 과정에서의 **문제를 해결하기 위해 적절한 전략을 사용**하여 듣고 말한다.	[2국01-04] 자신의 경험이나 생각을 바른 자세로 발표한다.	[4국01-04] 상황과 상대의 입장을 이해하고 예의를 지키며 대화한다.	[6국01-04] 면담의 절차를 이해하고 상대와 매체를 고려하여 면담한다.
	[2국어01-03] [4국어01-01] **[4국어01-03] [6국어01-03]**	[2국어01-04] **[4국어01-04] [6국어01-05] [9국어01-05] [12국어01-02]**	[4국어01-02] [6국어01-04] **[9국어01-04]** [12국어01-04]
• 화자와 청자는 듣기·말하기에 **흥미**를 가지고 **적극적으로 참여**하면서 담화 공동체 구성원으로 성장하고, 상호 존중하고 공감하는 **소통 문화**를 만들어 간다.	[2국01-05] 듣기와 말하기에 관심과 흥미를 가진다.	[4국01-05] 목적과 주제에 알맞게 자료를 정리하여 자신감 있게 발표한다.	[6국01-05] 자료를 선별하여 핵심 정보를 중심으로 내용을 구성하고 매체를 활용하여 발표한다.
	[2국어01-04] [4국어01-04] [6국어01-04]	**[2국어01-03] [4국어01-01] [6국어01-02] [9국어01-02]**	**[6국어01-02]** [12국어01-05]
		[4국01-06] 주제에 적절한 의견과 이유를 제시하고 서로의 생각을 교환하며 토의한다.	[6국01-06] 토의에 협력적으로 참여하며 서로의 의견을 비교하고 조정한다.
		[2국어01-03] [4국어01-03] [9국어01-04] **[12국어01-03]**	[4국어01-03] [12국어01-02]
			[6국01-07] 절차와 규칙을 지키고 타당한 이유와 근거를 제시하며 토론한다.

국어-읽기

<table>
<tr><th colspan="5">기본 교육과정</th></tr>
<tr><td>핵심 아이디어</td><td colspan="4">• 읽기는 읽는 이가 가진 배경지식과 그림, 글, 매체에 제시된 정보를 통합하여 의미를 형성해가는 과정이다.
• 읽는 이는 자신의 읽기 목적에 맞게 다양한 그림, 글, 매체 자료를 적절한 읽기 전략을 사용하여 읽는다.
• 읽는 이는 다양한 그림, 글, 매체 자료에 흥미를 느끼며 즐겨 읽는다.</td></tr>
<tr><td>학년군</td><td>성취기준</td><td>지식 · 이해(알다)</td><td>과정 · 기능(하다)</td><td>가치 · 태도(되다)</td></tr>
<tr><td rowspan="4">초 1-2</td><td>[2국어02-01] 점, 선, 면으로 구성된 여러 가지 형태를 탐색한다.</td><td>• 형태 지각</td><td></td><td rowspan="2"></td></tr>
<tr><td>[2국어02-02] 글자의 기초가 되는 여러 가지 모양을 변별한다.</td><td rowspan="3">• 그림, 기호, 상징</td><td>• 변별하기
• 글자의 기초가 되는 모양 찾기</td></tr>
<tr><td>[2국어02-03] 일상생활에서 자주 볼 수 있는 실물, 그림, 상징, 기호에 관심을 가진다.</td><td></td><td>• 그림, 기호, 상징에 대한 관심</td></tr>
<tr><td>[2국어02-04] 실물, 그림, 상징이 소리로 표현되는 것을 알고, 읽는 활동에 관심을 가진다.</td><td>• 실물, 그림, 상징 대응하기</td><td></td></tr>
<tr><td rowspan="4">초 3-4</td><td>[4국어02-01] 바른 자세로 친숙한 단어를 소리 내어 읽는다.</td><td></td><td>• 친숙한 단어 읽기</td><td>• 읽기의 바른 태도</td></tr>
<tr><td>[4국어02-02] 그림책이나 환경 인쇄물 등에서 단어, 상징의 의미를 파악한다.</td><td rowspan="2">• 상징, 글자의 의미</td><td>• 친숙한 단어의 의미 파악하기</td><td rowspan="2"></td></tr>
<tr><td>[4국어02-03] 상징, 글자, 그림 단서를 활용하여 인물과 장면을 파악한다.</td><td>• 그림을 단서로 인물과 장면 확인하기</td></tr>
<tr><td>[4국어02-04] 그림책, 환경 인쇄물, 책 등 다양한 읽을거리에 관심을 가진다.</td><td>• 환경 인쇄물의 정보</td><td></td><td>• 그림과 글자 읽기에 대한 흥미</td></tr>
<tr><td rowspan="3">초 5-6</td><td>[6국어02-01] 글자의 구성 요소와 짜임을 익혀 단어를 소리 내어 읽는다.</td><td>• 글자의 구성 요소</td><td>• 소리 내어 읽기</td><td rowspan="3"></td></tr>
<tr><td>[6국어02-02] 여러 가지 매체 자료에서 단어의 의미를 파악한다.</td><td>• 단어의 의미
• 매체 자료</td><td>• 다양한 단어의 의미 파악하기</td></tr>
<tr><td>[6국어02-03] 그림을 단서로 문장의 내용을 이해한다.</td><td></td><td>• 그림을 단서로 내용 파악하기</td></tr>
</table>

	[6국어02-04] 일상생활에서 접하는 동시, 노랫말, 이야기 등에 재미를 느끼며 읽는다.			• 읽기에 대한 즐거움
	[6국어02-05] 다양한 매체 자료와 글에 흥미를 느끼고, 올바른 읽기 습관을 기른다.	• 매체 자료		• 바람직한 읽기 습관
중 1-3	[9국어02-01] 단어의 의미 관계를 이해하고 의미 관계에 알맞게 띄어 읽는다.	• 단어의 의미 확장	• 띄어 읽기 • 단어의 의미 확장하기	
	[9국어02-02] 문장의 의미를 파악하여 주요 내용을 확인한다.	• 문장의 의미	• 문장의 내용 확인하기	
	[9국어02-03] 문장을 읽고 인물의 생각이나 마음을 이해한다.		• 인물의 마음이나 생각 알기	
	[9국어02-04] 다양한 읽을거리를 스스로 찾아 즐겨 읽는 태도를 기른다.			• 자발적인 읽기 태도
	[9국어02-05] 글을 읽고 글에 대한 느낌과 경험을 다른 사람과 나눈다.			• 읽기의 경험과 읽은 후의 느낌 공유
고 1-3	[12국어02-01] 글의 느낌과 분위기를 살려 유창하게 읽는다.		• 유창하게 읽기	
	[12국어02-02] 글의 중심 내용을 파악하고 대강의 내용을 간추린다.		• 주요 내용 파악하기	
	[12국어02-03] 글쓴이와 등장인물의 생각을 파악하고 경험과 관련짓는다.		• 중심 생각 파악하기 • 경험과 관련지어 읽기	
	[12국어02-04] 글과 매체 자료의 유형에 따라 다양한 읽기 방법을 적용하여 읽는다.	• 읽기의 목적과 방법 • 글과 매체		
	[12국어02-05] 일상생활에서 다양한 글과 책, 매체 자료를 즐겨 읽는다.			• 읽기의 생활화

<table>
<tr><th colspan="5">공통 교육과정</th></tr>
<tr><td>핵심 아이디어</td><td colspan="4">• 읽기는 독자가 자신의 배경지식이나 경험을 활용하여 언어를 비롯한 다양한 기호나 매체로 표현된 글의 의미를 능동적으로 구성하는 행위이다.
• 독자는 다양한 상황 맥락과 사회·문화적 맥락 속에서 자신의 읽기 목적을 달성하기 위하여 다양한 유형의 글을 읽는다.
• 독자는 읽기 과정을 점검·조정하며 읽기 과정에서 부딪히는 문제를 해결하기 위해 적절한 읽기 전략을 사용하여 글을 읽는다.
• 독자는 읽기 경험을 통해 읽기에 대한 긍정적 정서를 형성하고 삶과 공동체의 문제 해결을 위해 공동체 구성원과 함께 독서를 통해 소통함으로써 사회적 독서 문화를 만들어 간다.</td></tr>
<tr><th>학년군</th><th>성취기준</th><th>지식·이해
(알다)</th><th>과정·기능
(하다)</th><th>가치·태도
(되다)</th></tr>
<tr><td rowspan="5">초 1-2</td><td>[2국02-01] 글자, 단어, 문장, 짧은 글을 정확하게 소리 내어 읽는다.</td><td rowspan="5">• 친숙한 화제의 글
• 설명 대상과 주제가 명시적인 글
• 생각이나 감정이 명시적으로 제시된 글</td><td>• 글자, 단어 읽기
• 문장, 짧은 글 소리 내어 읽기</td><td></td></tr>
<tr><td>[2국02-02] 의미가 잘 드러나도록 문장과 짧은 글을 알맞게 띄어 읽는다.</td><td>• 알맞게 띄어 읽기</td><td></td></tr>
<tr><td>[2국02-03] 글을 읽고 중심 내용을 확인한다.</td><td>• 글의 중심 내용 확인하기</td><td></td></tr>
<tr><td>[2국02-04] 인물의 마음이나 생각을 짐작하고 이를 자신과 비교하며 글을 읽는다.</td><td>• 인물의 마음이나 생각 짐작하기
• 인물과 자신의 마음이나 생각 비교하기</td><td></td></tr>
<tr><td>[2국02-05] 읽기에 흥미를 가지고 즐겨 읽는 태도를 지닌다.</td><td></td><td>• 읽기에 대한 흥미</td></tr>
<tr><td rowspan="6">초 3-4</td><td>[4국02-01] 글의 의미를 파악하며 유창하게 글을 읽는다.</td><td rowspan="6">• 상황 맥락

• 친숙한 화제의 글
• 설명 대상과 주제가 명시적인 글
• 주장, 이유, 근거가 명시적인 글
• 생각이나 감정이 명시적으로 제시된 글</td><td>• 유창하게 읽기</td><td></td></tr>
<tr><td>[4국02-02] 문단과 글에서 중심 생각을 파악하고 내용을 간추린다.</td><td>• 중심 생각 파악하기
• 내용 요약하기</td><td></td></tr>
<tr><td>[4국02-03] 질문을 활용하여 글을 예측하며 읽고 자신의 읽기 과정을 점검한다.</td><td>• 단어의 의미나 내용 예측하기
• 읽기 과정과 전략에 대해 점검·조정하기</td><td></td></tr>
<tr><td>[4국02-04] 글에 나타난 사실과 의견을 구분하고 필자와 자신의 의견을 비교한다.</td><td>• 사실과 의견 구별하기
• 필자와 자신의 의견 비교하기</td><td></td></tr>
<tr><td>[4국02-05] 글이나 자료의 출처가 믿을 만한지 판단한다.</td><td>• 글이나 자료의 출처 신뢰성 평가하기</td><td></td></tr>
<tr><td>[4국02-06] 바람직한 읽기 습관을 형성하고 읽기에 대한 자신감을 기른다.</td><td></td><td>• 읽기 효능감</td></tr>
</table>

초 5-6	[6국02-01] 글의 구조를 고려하며 주제나 주장을 파악하고 글 내용을 요약한다.	• 상황 맥락 • 사회·문화적 맥락 • 일상적 화제나 사회·문화적 화제의 글 • 다양한 설명 방법을 활용하여 주제를 제시한 글 • 주장이 명시적이고 다양한 이유와 근거가 제시된 글 • 생각이나 감정이 함축적으로 제시된 글	• 글의 구조를 파악하기 • 글의 주장이나 주제 파악하기 • 글의 구조 고려하며 내용 요약하기	• 읽기 과정과 전략에 대해 점검·조정하기	
	[6국02-02] 글에서 생략된 내용이나 함축된 표현을 문맥을 고려하여 추론한다.		• 생략된 내용과 함축된 의미 추론하기		
	[6국02-03] 글이나 자료를 읽고 내용의 타당성과 표현의 적절성을 평가한다.		• 글이나 자료의 내용과 표현 평가하기		
	[6국02-04] 문제 상황과 관련된 다양한 관점의 글을 읽고 이를 문제 해결에 활용한다.		• 다양한 글이나 자료 읽기를 통해 문제 해결하기		
	[6국02-05] 긍정적인 읽기 동기를 형성하고 적극적으로 읽기에 참여하는 태도를 기른다.				• 긍정적 읽기 동기 • 읽기에 적극적 참여

기본 교육과정					
핵심 아이디어	1-2	3-4	5-6	중1-3	고1-3
• 읽기는 읽는 이가 가진 배경지식과 그림, 글, 매체에 **제시된 정보를 통합**하여 **의미를 형성**해가는 과정이다. • 읽는 이는 자신의 읽기 목적에 맞게 다양한 그림, 글, 매체 자료를 **적절한 읽기 전략**을 사용하여 읽는다. • 읽는 이는 다양한 그림, 글, 매체자료에 흥미를 느끼며 즐겨 읽는다.	[2국어02-01] 점, 선, 면으로 구성된 여러 가지 형태를 탐색한다.	[4국어02-01] 바른 자세로 친숙한 단어를 소리 내어 읽는다.	[6국어02-01] 글자의 구성 요소와 짜임을 익혀 단어를 소리 내어 읽는다.	[9국어02-01] 단어의 의미 관계를 이해하고 의미 관계에 알맞게 띄어 읽는다.	[12국어02-01] 글의 느낌과 분위기를 살려 유창하게 읽는다.
	[2국어02-02] 글자의 기초가 되는 여러 가지 모양을 변별한다.	[4국어02-02] 그림책이나 환경 인쇄물 등에서 단어, 상징의 의미를 파악한다.	[6국어02-02] 여러 가지 매체 자료에서 단어의 의미를 파악한다.	[9국어02-02] 문장의 의미를 파악하여 주요 내용을 확인한다.	[12국어02-02] 글의 중심 내용을 파악하고 대강의 내용을 간추린다.
	[2국어02-03] 일상생활에서 자주 볼 수 있는 실물, 그림, 상징, 기호에 관심을 가진다.	[4국어02-03] 상징, 글자, 그림 단서를 활용하여 인물과 장면을 파악한다.	[6국어02-03] 그림을 단서로 문장의 내용을 이해한다.	[9국어02-03] 문장을 읽고 인물의 생각이나 마음을 이해한다.	[12국어02-03] 글쓴이와 등장인물의 생각을 파악하고 경험과 관련짓는다.
	[2국어02-04] 실물, 그림, 상징이 소리로 표현되는 것을 알고, 읽는 활동에 관심을 가진다.	[4국어02-04] 그림책, 환경 인쇄물, 책 등 다양한 읽을거리에 관심을 가진다.	[6국어02-04] 일상생활에서 접하는 동시, 노랫말, 이야기 등에 재미를 느끼며 읽는다.	[9국어02-04] 다양한 읽을거리를 스스로 찾아 즐겨 읽는 태도를 기른다.	[12국어02-04] 글과 매체 자료의 유형에 따라 다양한 읽기 방법을 적용하여 읽는다.
			[6국어02-05] 다양한 매체 자료와 글에 흥미를 느끼고, 올바른 읽기 습관을 기른다.	[9국어02-05] 글을 읽고 글에 대한 느낌과 경험을 다른 사람과 나눈다.	[12국어02-05] 일상생활에서 다양한 글과 책, 매체 자료를 즐겨 읽는다.

공통 교육과정			
핵심 아이디어	1-2	3-4	5-6
	[2국02-01] 글자, 단어, 문장, 짧은 글을 정확하게 소리 내어 읽는다.	[4국02-01] 글의 의미를 파악하며 유창하게 글을 읽는다.	[6국02-01] 글의 구조를 고려하며 주제나 주장을 파악하고 글 내용을 요약한다.
	[4국어02-01] [6국어02-01]	[4국어02-01] [6국어02-01] [6국어02-02] [12국어02-01]	[6국어02-01] [12국어02-02]
• 읽기는 독자가 자신의 **배경지식이나 경험을 활용**하여 언어를 비롯한 다양한 기호나 매체로 표현된 **글의 의미를 능동적으로 구성**하는 행위이다.	[2국02-02] 의미가 잘 드러나도록 문장과 짧은 글을 알맞게 띄어 읽는다.	[4국02-02] 문단과 글에서 중심 생각을 파악하고 내용을 간추린다.	[6국02-02] 글에서 생략된 내용이나 함축된 표현을 문맥을 고려하여 추론한다.
	[4국어02-02] [6국어02-02] [9국어02-01]	[4국어02-03] [9국어02-02] [12국어02-02]	[4국어02-03] [6국어02-03]
• 독자는 다양한 **상황 맥락과 사회·문화적 맥락** 속에서 자신의 **읽기 목적**을 달성하기 위하여 **다양한 유형의 글**을 읽는다.	[2국02-03] 글을 읽고 중심 내용을 확인한다.	[4국02-03] 질문을 활용하여 글을 예측하며 읽고 자신의 읽기 과정을 점검한다.	[6국02-03] 글이나 자료를 읽고 내용의 타당성과 표현의 적절성을 평가한다.
	[2국어02-03] [4국어02-02] [4국어02-03] [6국어02-03] [9국어02-02]	[6국어02-03]	[6국어02-03] [12국어02-04]
• 독자는 **읽기 과정을 점검·조정**하며 읽기 과정에서 부딪히는 문제를 해결하기 위해 **적절한 읽기 전략을 사용**하여 글을 읽는다.	[2국02-04] 인물의 마음이나 생각을 짐작하고 이를 자신과 비교하며 글을 읽는다.	[4국02-04] 글에 나타난 사실과 의견을 구분하고 필자와 자신의 의견을 비교한다.	[6국02-04] 문제 상황과 관련된 다양한 관점의 글을 읽고 이를 문제 해결에 활용한다.
	[9국어02-03] [12국어02-03]	[4국어02-03]	[12국어02-05]
• 독자는 읽기 경험을 통해 **읽기에 대한 긍정적 정서를 형성**하고 삶과 공동체의 문제 해결을 위해 공동체 구성원과 함께 독서를 통해 **소통**함으로써 사회적 **독서 문화**를 만들어 간다.	[2국02-05] 읽기에 흥미를 가지고 즐겨 읽는 태도를 지닌다.	[4국02-05] 글이나 자료의 출처가 믿을 만한지 판단한다.	[6국02-05] 긍정적인 읽기 동기를 형성하고 적극적으로 읽기에 참여하는 태도를 기른다.
	[2국어02-04] [4국어02-04] [6국어02-04] [9국어02-04]	[12국어02-04]	[2국어02-04] [4국어02-04] [6국어02-05] [9국어02-04] [12국어02-05]
		[4국02-06] 바람직한 읽기 습관을 형성하고 읽기에 대한 자신감을 기른다.	
		[2국어02-04] [4국어02-04] [6국어02-05] [9국어02-04] [12국어02-05]	

국어-쓰기

기본 교육과정				
핵심 아이디어	• 쓰기는 다양한 맥락 속에서 문자 언어, 보완대체의사소통, 매체를 활용하여 자신의 감정과 생각을 표현하는 과정이다. • 쓰는 이는 다양한 상황 맥락에서 자신의 쓰기 목적을 달성하기 위하여 활용할 수 있는 방법과 형태로 글을 쓴다. • 쓰는 이는 다양한 쓰기 경험을 통해 흥미를 느끼며 다른 사람과 소통하는 즐거움을 느낀다.			
학년군	성취기준	지식·이해(알다)	과정·기능(하다)	가치·태도(되다)
초 1-2	[2국어03-01] 끼적이기에 재미를 느끼며 자유롭게 끼적인다.		• 자유롭게 끼적이기	• 끼적이는 재미
	[2국어03-02] 글자의 기초가 되는 선과 모양을 알고 다양한 방법으로 표현한다.	• 글자의 기초가 되는 선과 모양	• 글자의 기초가 되는 선과 모양 표현하기	
초 3-4	[4국어03-01] 다양한 방법으로 글자 모양을 만든다.	• 글자의 모양	• 글자 모양 만들기	
	[4국어03-02] 쓰기 도구를 바르게 잡고 글자 모양을 따라 쓴다.		• 글자 모양 따라 쓰기	• 쓰기 도구 사용에 대한 흥미
	[4국어03-03] 나와 관련 있는 친숙한 글자를 보고 쓰면서 쓰기 활동에 관심을 가진다.	• 친숙한 글자	• 글자 보고 쓰기	• 쓰기에 대한 관심
초 5-6	[6국어03-01] 글자의 짜임을 알고 획순에 따라 한글 자모를 쓴다.	• 글자의 짜임과 획순	• 자모 쓰기	
	[6국어03-02] 단어가 가진 의미를 알고 일상생활에서 자주 사용하는 단어를 쓴다.	• 단어의 의미	• 일상생활과 관련된 단어 쓰기	
	[6국어03-03] 쓰기에 흥미를 느끼고 바른 자세와 태도로 글자를 쓴다.			• 쓰기에 대한 흥미 • 글씨를 쓰는 바른 자세
중 1-3	[9국어03-01] 사물의 이름, 존재, 상태, 동작을 나타내는 단어를 바르게 쓴다.	• 단어의 소리와 표기	• 단어 쓰기	
	[9국어03-02] 기록의 필요성을 알고 일상생활에 필요한 내용과 정보를 메모한다.	• 기록의 필요성	• 메모하기	• 기록하는 습관
	[9국어03-03] 문장의 기본 구조를 알고 문장을 쓴다.	• 문장의 구성	• 문장 쓰기	

	[9국어03-04] 쓰기에 자신감을 가지고 단어나 문장으로 쓰려는 태도를 지닌다.			• 쓰기에 대한 자신감
고 1-3	[12국어03-01] 문장 부호의 이름과 쓰임을 알고 문장에 사용한다.	• 문장 부호의 의미	• 문장 부호 사용하기	
	[12국어03-02] 주제와 내용이 자연스럽게 연결되는 짧은 글을 쓴다.	• 문단의 구성	• 주제가 있는 짧은 글 쓰기	
	[12국어03-03] 쓰기 매체를 활용하여 일상생활과 관련된 내용을 쓴다.	• 쓰기 매체의 특성	• 매체를 활용하여 쓰기	
	[12국어03-04] 쓰기로 소통하는 즐거움을 느끼고, 언어 예절을 지켜 글 쓰는 태도를 기른다.			• 쓰기로 소통하는 즐거움 • 읽는 이를 생각하며 쓰는 태도

공통 교육과정				
핵심 아이디어	• 쓰기는 언어를 비롯한 다양한 기호나 매체를 활용하여 인간의 생각과 감정을 글로 표현함으로써 의미를 구성하는 행위이다. • 필자는 상황 맥락 및 사회·문화적 맥락 속에서 자신의 의사소통 목적을 달성하기 위하여 다양한 유형의 글을 쓴다. • 필자는 쓰기 과정에서 부딪히는 문제를 해결하기 위하여 적절한 쓰기 전략을 사용하여 글을 쓴다. • 필자는 쓰기 경험을 통해 언어 공동체의 구성원으로 성장하고, 쓰기 윤리를 갖추어 독자와 소통함으로써 바람직한 의사소통 문화를 만들어 간다.			
학년군	성취기준	지식·이해 (알다)	과정·기능 (하다)	가치·태도 (되다)
초 1-2	[2국03-01] 글자와 단어를 바르게 쓴다.	• 주변 소재에 대해 소개하는 글 • 겪은 일을 표현하는 글	• 글자 쓰기 • 단어 쓰기	
	[2국03-02] 쓰기에 흥미를 가지며 자신의 생각이나 느낌을 문장으로 표현한다.		• 문장 쓰기	• 쓰기에 대한 흥미
	[2국03-03] 주변 소재에 대해 소개하는 글을 쓴다.		• 일상을 소재로 내용 생성하기 • 쓴 글을 함께 읽고 반응하기	
	[2국03-04] 겪은 일을 표현하는 글을 자유롭게 쓰고, 쓴 글을 함께 읽고 생각이나 느낌을 나눈다.		• 일상을 소재로 내용 생성하기 • 자유롭게 표현하기	
초 3-4	[4국03-01] 중심 문장과 뒷받침 문장을 갖추어 문단을 쓰고, 문장과 문단을 중심으로 고쳐 쓴다.	• 상황 맥락 • 절차와 결과를 보고하는 글 • 이유를 들어 의견을 제시하는 글 • 독자에게 마음을 전하는 글	• 문단 쓰기 • 문장·문단 수준에서 고쳐 쓰기 • 쓴 글을 함께 읽고 반응하기	
	[4국03-02] 절차와 결과가 드러나게 정확한 표현으로 보고하는 글을 쓴다.		• 절차와 결과에 따라 내용 조직하기 • 정확하게 표현하기	
	[4국03-03] 대상에 대한 자신의 의견과 그렇게 생각한 이유가 드러나게 글을 쓴다.		• 목적, 주제에 따라 내용 생성하기 • 정확하게 표현하기	
	[4국03-04] 목적과 주제를 고려하여 독자에게 마음을 전하는 글을 쓴다.		• 목적, 주제 고려하기 • 목적, 주제에 따라 내용 생성하기	
	[4국03-05] 자신의 쓰기 과정을 점검하며 쓰기에 자신감을 갖는다.		• 쓰기 과정과 전략에 대해 점검·조정하기	• 쓰기 효능감
초 5-6	[6국03-01] 알맞은 내용을 선정하여 대상의 특성이 나타나게 설명하는 글을 쓴다.	• 상황 맥락 • 사회·문화적 맥락 • 대상의	• 독자, 매체를 고려하여 내용 생성하기	

	[6국03-02] 적절한 근거를 사용하고 인용의 출처를 밝히며 주장하는 글을 쓴다.	특성이 나타나게 설명하는 글 • 적절한 근거를 들어 주장하는 글 • 체험에 대한 감상을 나타내는 글		• 쓰기 윤리 준수
	[6국03-03] 체험한 일에 대한 감상을 나타내는 글을 쓴다.			
	[6국03-04] 독자와 매체를 고려하여 내용을 생성하고 표현하며 글을 쓴다.		• 독자, 매체 고려하기 • 독자, 매체를 고려하여 내용 생성하기 • 독자를 고려하여 표현하기	
	[6국03-05] 쓰기 과정을 점검 · 조정하며 글을 쓰고, 글 전체를 대상으로 통일성 있게 고쳐 쓴다.		• 쓰기 과정과 전략에 대해 점검 · 조정하기 • 통일성을 고려하여 내용 조직하기 • 글 수준에서 고쳐 쓰기	
	[6국03-06] 쓰기에 적극적으로 참여하며 자신의 글을 독자와 공유하는 태도를 지닌다.		• 쓰기 과정과 전략에 대해 점검 · 조정하기 • 쓴 글을 함께 읽고 반응하기	• 쓰기에 적극적 참여

<table>
<tr><th colspan="6">기본 교육과정</th></tr>
<tr><th>핵심 아이디어</th><th>1-2</th><th>3-4</th><th>5-6</th><th>중1-3</th><th>고1-3</th></tr>
<tr><td rowspan="4">• 쓰기는 다양한 맥락 속에서 **문자 언어, 보완대체의사소통, 매체**를 **활용**하여 **자신의 감정과 생각을 표현하는 과정**이다.

• 쓰는 이는 **다양한 상황 맥락**에서 자신의 **쓰기 목적을 달성하기 위하여 활용할 수 있는 방법과 형태**로 글을 쓴다.

• 쓰는 이는 다양한 쓰기 경험을 통해 흥미를 느끼며 다른 사람과 소통하는 즐거움을 느낀다.</td><td>[2국어03-01] 끼적이기에 재미를 느끼며 자유롭게 끼적인다.</td><td>[4국어03-01] 다양한 방법으로 글자 모양을 만든다.</td><td>[6국어03-01] 글자의 짜임을 알고 획순에 따라 한글 자모를 쓴다.</td><td>[9국어03-01] 사물의 이름, 존재, 상태, 동작을 나타내는 단어를 바르게 쓴다.</td><td>[12국어03-01] 문장 부호의 이름과 쓰임을 알고 문장에 사용한다.</td></tr>
<tr><td>[2국어03-02] 글자의 기초가 되는 선과 모양을 알고 다양한 방법으로 표현한다.</td><td>[4국어03-02] 쓰기 도구를 바르게 잡고 글자 모양을 따라 쓴다.</td><td>[6국어03-02] 단어가 가진 의미를 알고 일상생활에서 자주 사용하는 단어를 쓴다.</td><td>[9국어03-02] 기록의 필요성을 알고 일상생활에 필요한 내용과 정보를 메모한다.</td><td>[12국어03-02] 주제와 내용이 자연스럽게 연결되는 짧은 글을 쓴다.</td></tr>
<tr><td></td><td>[4국어03-03] 나와 관련 있는 친숙한 글자를 보고 쓰면서 쓰기 활동에 관심을 가진다.</td><td>[6국어03-03] 쓰기에 흥미를 느끼고 바른 자세와 태도로 글자를 쓴다.</td><td>[9국어03-03] 문장의 기본 구조를 알고 문장을 쓴다.</td><td>[12국어03-03] 쓰기 매체를 활용하여 일상생활과 관련된 내용을 쓴다.</td></tr>
<tr><td></td><td></td><td></td><td>[9국어03-04] 쓰기에 자신감을 가지고 단어나 문장으로 쓰려는 태도를 기른다.</td><td>[12국어03-04] 쓰기로 소통하는 즐거움을 느끼고, 언어 예절을 지켜 글 쓰는 태도를 기른다.</td></tr>
</table>

공통 교육과정			
핵심 아이디어	1-2	3-4	5-6
• 쓰기는 언어를 비롯한 **다양한 기호나 매체**를 활용하여 **인간의 생각과 감정을 글로 표현**함으로써 의미를 구성하는 행위이다. • 필자는 **상황 맥락 및 사회·문화적 맥락** 속에서 자신의 의사소통 목적을 달성하기 위하여 **다양한 유형의 글을 쓴다.** • 필자는 쓰기 과정에서 부딪히는 문제를 해결하기 위하여 **적절한 쓰기 전략을 사용**하여 글을 쓴다. • 필자는 쓰기 경험을 통해 언어 공동체의 구성원으로 성장하고, **쓰기 윤리를 갖추어 독자와 소통**함으로써 **바람직한 의사소통 문화**를 만들어 간다.	[2국03-01] 글자와 단어를 바르게 쓴다.	[4국03-01] 중심 문장과 뒷받침 문장을 갖추어 문단을 쓰고, 문장과 문단을 중심으로 고쳐 쓴다.	[6국03-01] 알맞은 내용을 선정하여 대상의 특성이 나타나게 설명하는 글을 쓴다.
	[4국어03-01] [4국어03-02] [4국어03-03] [6국어03-01] [6국어03-03] [9국어03-01] [9국어03-03]	[12국어03-02]	
	[2국03-02] 쓰기에 흥미를 가지며 자신의 생각이나 느낌을 문장으로 표현한다.	[4국03-02] 절차와 결과가 드러나게 정확한 표현으로 보고하는 글을 쓴다.	[6국03-02] 적절한 근거를 사용하고 인용의 출처를 밝히며 주장하는 글을 쓴다.
	[4국어03-03] [6국어03-03] [9국어03-04]		
	[2국03-03] 주변 소재에 대해 소개하는 글을 쓴다.	[4국03-03] 대상에 대한 자신의 의견과 그렇게 생각한 이유가 드러나게 글을 쓴다.	[6국03-03] 체험한 일에 대한 감상을 나타내는 글을 쓴다.
	[4국어03-03] [6국어03-02] [9국어03-02]	[12국어03-02]	
	[2국03-04] 겪은 일을 표현하는 글을 자유롭게 쓰고, 쓴 글을 함께 읽고 생각이나 느낌을 나눈다.	[4국03-04] 목적과 주제를 고려하여 독자에게 마음을 전하는 글을 쓴다.	[6국03-04] 독자와 매체를 고려하여 내용을 생성하고 표현하며 글을 쓴다.
	[4국어03-03] [6국어03-03] [12국어03-03]		
		[4국03-05] 자신의 쓰기 과정을 점검하며 쓰기에 자신감을 갖는다.	[6국03-05] 쓰기 과정을 점검·조정하며 글을 쓰고, 글 전체를 대상으로 통일성 있게 고쳐 쓴다.
		[9국어03-04] [12국어03-04]	
			[6국03-06] 쓰기에 적극적으로 참여하며 자신의 글을 독자와 공유하는 태도를 지닌다.

국어-문법

공통 교육과정				
핵심 아이디어	• 문법은 국어의 형식과 내용을 이루는 틀로서 규칙과 원리로 구성·운영되며, 문법 탐구는 문법에 대해 사고하는 활동으로 국어에 대한 총체적 앎을 이끈다. • 국어는 체계와 구조를 갖춘 의미 생성 자원이자, 사회적으로 구성된 관습적 규약이며, 공동체의 사고와 가치를 표상하는 문화적 산물이다. • 국어 자료는 다양한 맥락에서 만들어지는 의사소통의 결과물로서, 국어 현상을 파악하고 국어 문제를 발견할 수 있는 문법 탐구의 대상이다. • 국어 사용자는 일상생활에서 국어 현상과 국어 문제를 탐구하고 성찰하면서 언어 주체로서의 정체성과 국어 의식을 형성한다.			
학년군	성취기준	지식·이해 (알다)	과정·기능 (하다)	가치·태도 (되다)
초 1-2	[2국04-01] 한글 자모의 이름과 소릿값을 알고 정확하게 발음하고 쓴다.	• 글자·단어·문장 • 한글 자모의 이름과 소리	• 언어 단위 관찰하기	
	[2국04-02] 소리와 표기가 다를 수 있음을 알고 단어를 바르게 읽고 쓴다.	• 글자·단어·문장 • 단어의 발음과 표기	• 소리와 표기의 차이 인식하기	
	[2국04-03] 문장과 문장 부호를 알맞게 쓰고 한글에 호기심을 가진다.	• 글자·단어·문장 • 문장과 문장 부호		• 한글에 대한 호기심
초 3-4	[4국04-01] 단어와 단어 간의 의미 관계를 파악한다.	• 단어의 의미와 단어 간의 의미 관계	• 언어 단위 관찰하기	
	[4국04-02] 단어를 분류하고 국어사전을 활용하여 능동적인 국어 활동을 한다.	• 단어의 분류 • 단어의 정확한 발음과 표기	• 국어사전 활용하여 문제 해결하기	
	[4국04-03] 기본적인 문장의 짜임을 이해하고 적절하게 사용한다.	• 문장의 기본 구조		
	[4국04-04] 글과 담화에 쓰인 높임 표현과 지시·접속 표현을 이해하고 상황에 맞게 표현한다.	• 참여자 간 관계 및 장면에 따른 언어 • 글과 담화의 높임 표현과 지시·접속 표현	• 글과 담화에 적절한 표현 사용하기 • 국어 규범 인지하고 수용하기	
	[4국04-05] 언어가 의사소통과 관계 형성의 수단임을 이해하고 국어를 소중히 여기는 태도를 지닌다.	• 의사소통과 관계 형성 수단으로서의 언어		• 국어의 소중함 인식

초 5-6	[6국04-01] 음성 언어 및 문자 언어의 특성을 이해하고 다양한 매체 자료에서 표현 효과를 평가한다.	• 음성 언어 및 문자 언어의 특성과 매체	• 언어 표현의 특징 분석하기 • 언어 표현의 효과 평가하기	
	[6국04-02] 표준어와 방언의 기능을 파악하고 언어 공동체와 국어 생활과의 관계를 이해한다.	• 지역에 따른 언어와 표준어		• 집단 · 사회의 언어와 나의 언어의 관계 인식
	[6국04-03] 고유어와 관용 표현의 쓰임과 가치를 이해하고 상황에 맞게 표현한다.	• 어휘 체계와 고유어 • 관용 표현	• 국어생활 점검하고 실천하기	• 국어 생활에 대한 민감성
	[6국04-04] 문장 성분을 이해하고 호응 관계가 올바른 문장을 구성한다.	• 문장 성분과 호응		
	[6국04-05] 글과 담화에 쓰인 시간 표현을 이해하고 상황에 맞게 표현한다.	• 글과 담화의 시간 표현 • 단어와 문장의 정확한 표기와 사용	• 글과 담화에 적절한 표현 사용하기	

<table>
<tr><th colspan="4">공통 교육과정</th></tr>
<tr><th>핵심 아이디어</th><th>1-2</th><th>3-4</th><th>5-6</th></tr>
<tr><td rowspan="12">• 문법은 국어의 형식과 내용을 이루는 틀로서 규칙과 원리로 구성·운영되며, 문법 탐구는 문법에 대해 사고하는 활동으로 국어에 대한 총체적 앎을 이끈다.

• 국어는 체계와 구조를 갖춘 의미 생성 자원이자, 사회적으로 구성된 관습적 규약이며, 공동체의 사고와 가치를 표상하는 문화적 산물이다.

• 국어 자료는 다양한 맥락에서 만들어지는 의사소통의 결과물로서, 국어 현상을 파악하고 국어 문제를 발견할 수 있는 문법 탐구의 대상이다.

• 국어 사용자는 일상생활에서 국어 현상과 국어 문제를 탐구하고 성찰하면서 언어 주체로서의 정체성과 국어 의식을 형성한다.</td><td>[2국04-01] 한글 자모의 이름과 소릿값을 알고 정확하게 발음하고 쓴다.</td><td>[4국04-01] 단어와 단어 간의 의미 관계를 파악한다.</td><td>[6국04-01] 음성 언어 및 문자 언어의 특성을 이해하고 다양한 매체 자료에서 표현 효과를 평가한다.</td></tr>
<tr><td>[4국어02-01] [6국어02-01] [6국어03-01]</td><td>[6국어02-02] [6국어03-02] [9국어02-01] [12국어02-01]</td><td></td></tr>
<tr><td>[2국04-02] 소리와 표기가 다를 수 있음을 알고 단어를 바르게 읽고 쓴다.</td><td>[4국04-02] 단어를 분류하고 국어사전을 활용하여 능동적인 국어 활동을 한다.</td><td>[6국04-02] 표준어와 방언의 기능을 파악하고 언어 공동체와 국어생활과의 관계를 이해한다.</td></tr>
<tr><td>[9국어03-01]</td><td>[6국어03-01] [9국어02-02] [9국어03-01] [12국어02-01] [12국어02-04]</td><td></td></tr>
<tr><td>[2국04-03] 문장과 문장 부호를 알맞게 쓰고 한글에 호기심을 가진다.</td><td>[4국04-03] 기본적인 문장의 짜임을 이해하고 적절하게 사용한다.</td><td>[6국04-03] 고유어와 관용 표현의 쓰임과 가치를 이해하고 상황에 맞게 표현한다.</td></tr>
<tr><td>[12국어03-01]</td><td>[9국어03-03]</td><td></td></tr>
<tr><td rowspan="6"></td><td>[4국04-04] 글과 담화에 쓰인 높임 표현과 지시·접속 표현을 이해하고 상황에 맞게 표현한다.</td><td>[6국04-04] 문장 성분을 이해하고 호응 관계가 올바른 문장을 구성한다.</td></tr>
<tr><td>[9국어01-05] [12국어03-04]</td><td></td></tr>
<tr><td>[4국04-05] 언어가 의사소통과 관계 형성의 수단임을 이해하고 국어를 소중히 여기는 태도를 지닌다.</td><td>[6국04-05] 글과 담화에 쓰인 시간 표현을 이해하고 상황에 맞게 표현한다.</td></tr>
<tr><td>[9국어01-05] [12국어02-05]</td><td></td></tr>
<tr><td rowspan="2"></td><td>[6국04-06] 글과 담화에 쓰인 단어 및 문장, 띄어쓰기를 민감하게 살펴 바르게 고치는 태도를 지닌다.</td></tr>
<tr><td></td></tr>
</table>

국어-문학

공통 교육과정				
핵심 아이디어	• 문학은 인간의 삶을 언어로 형상화한 작품을 통해 즐거움과 깨달음을 얻고 타자와 소통하는 행위이다. • 문학 작품을 통한 소통은 작품의 갈래, 작가와 독자, 사회와 문화, 문학사의 영향 등을 고려하며 이루어진다. • 문학 수용·생산 능력은 문학의 해석, 감상, 비평, 창작 활동을 통해 향상된다. • 인간은 문학을 향유하면서 자아를 성찰하고 타자를 이해하며 공동체의 일원으로 성장한다.			
학년군	성취기준	지식·이해 (알다)	과정·기능 (하다)	가치·태도 (되다)
초 1-2	[2국05-01] 말놀이, 낭송 등을 통해 말의 재미와 즐거움을 느낀다.	• 시, 노래 • 이야기, 그림책	• 낭송하기, 말놀이하기 • 말의 재미 느끼기	
	[2국05-02] 작품을 듣거나 읽으면서 느끼거나 생각한 점을 말한다.		• 작품 읽고 느낀 점 말하기	
	[2국05-03] 작품 속 인물의 모습, 행동, 마음을 상상하여 시, 노래, 이야기, 그림 등으로 표현한다.		• 작품 속 인물 상상하기 • 시, 노래, 이야기, 그림 등 다양한 형식으로 표현하기	
	[2국05-04] 시나 노래, 이야기에 흥미를 가진다.			• 문학에 대한 흥미
초 3-4	[4국05-01] 인물과 이야기의 흐름을 중심으로 작품을 감상한다.	• 독자 맥락 • 시 • 이야기 • 극	• 이야기의 흐름 생각하며 감상하기 • 인물의 성격과 역할 파악하기	
	[4국05-02] 자신의 경험을 바탕으로 작품 속 세계와 현실 세계를 비교하여 작품을 감상한다.		• 자신의 경험을 바탕으로 읽기 • 사실과 허구의 차이 이해하기	
	[4국05-03] 작품을 듣거나 읽고 마음에 드는 작품을 소개한다.		• 마음에 드는 작품 소개하기	
	[4국05-04] 감각적 표현에 유의하여 작품을 감상하고, 감각적 표현을 활용하여 자신의 생각이나 감정을 표현한다.		• 감각적 표현 활용하여 표현하기	
	[4국05-05] 재미나 감동을 느끼며 작			• 작품 감상의 즐거움

	품을 즐겨 감상하는 태도를 지닌다.			
초 5-6	[6국05-01] 작가의 의도를 생각하며 작품을 읽는다.	• 작가 맥락 • 독자 맥락 • 시 • 소설 • 극 • 수필	• 작가의 의도를 생각하며 읽기	
	[6국05-02] 비유적 표현의 효과에 유의하여 작품을 감상한다.		• 비유적 표현에 유의하여 감상하기	
	[6국05-03] 소설이나 극을 읽고 인물, 사건, 배경을 파악한다.		• 인물, 사건, 배경 파악하기	
	[6국05-04] 인상적인 부분을 중심으로 작품에 대한 의견을 나눈다.		• 인상적인 부분을 중심으로 작품에 대해 의견 나누기	• 문학 소통의 즐거움
	[6국05-05] 자신의 경험을 시, 소설, 극, 수필 등 적절한 갈래로 표현한다.		• 갈래의 기본 특성 이해하기	
	[6국05-06] 작품을 읽고 자신의 삶과 연관 지어 성찰하는 태도를 지닌다.			• 문학을 통한 자아 성찰

공통 교육과정			
핵심 아이디어	1-2	3-4	5-6
• 문학은 인간의 삶을 언어로 형상화한 작품을 통해 **즐거움과 깨달음을 얻고 타자와 소통하는 행위**이다. • 문학 작품을 통한 소통은 **작품의 갈래, 작가와 독자, 사회와 문화, 문학사의 영향 등을 고려**하며 이루어진다. • 문학 **수용·생산 능력**은 문학의 해석, 감상, 비평, 창작 활동을 통해 향상된다. • 인간은 **문학을 향유**하면서 **자아를 성찰**하고 **타자를 이해**하며 공동체의 일원으로 성장한다.	[2국05-01] 말놀이, 낭송 등을 통해 말의 재미와 즐거움을 느낀다.	[4국05-01] 인물과 이야기의 흐름을 중심으로 작품을 감상한다.	[6국05-01] 작가의 의도를 생각하며 작품을 읽는다.
	[6국어02-04]	[9국어02-03]	[6국어02-01] [6국어02-04] [12국어02-04]
	[2국05-02] 작품을 듣거나 읽으면서 느끼거나 생각한 점을 말한다.	[4국05-02] 자신의 경험을 바탕으로 작품 속 세계와 현실 세계를 비교하여 작품을 감상한다.	[6국05-02] 비유적 표현의 효과에 유의하여 작품을 감상한다.
	[9국어02-05] [12국어01-03]	[12국어02-03]	
	[2국05-03] 작품 속 인물의 모습, 행동, 마음을 상상하여 시, 노래, 이야기, 그림 등으로 표현한다.	[4국05-03] 작품을 듣거나 읽고 마음에 드는 작품을 소개한다.	[6국05-03] 소설이나 극을 읽고 인물, 사건, 배경을 파악한다.
	[9국어02-04]	[9국어02-05]	[9국어02-03] [12국어02-02]
	[2국05-04] 시나 노래, 이야기에 흥미를 가진다.	[4국05-04] 감각적 표현에 유의하여 작품을 감상하고, 감각적 표현을 활용하여 자신의 생각이나 감정을 표현한다.	[6국05-04] 인상적인 부분을 중심으로 작품에 대한 의견을 나눈다.
	[6국어02-04]	[9국어02-05]	[9국어02-04]
		[4국05-05] 재미나 감동을 느끼며 작품을 즐겨 감상하는 태도를 지닌다.	[6국05-05] 자신의 경험을 시, 소설, 극, 수필 등 적절한 갈래로 표현한다.
		[6국어02-04] [9국어02-04]	[12국어02-03]
			[6국05-06] 작품을 읽고 자신의 삶과 연관 지어 성찰하는 태도를 지닌다.
			[6국어02-05] [9국어02-03] [12국어02-03]

국어-매체

공통 교육과정				
핵심 아이디어	• 매체는 소통을 매개하는 도구, 기술, 환경으로 당대 사회의 소통 방식과 소통 문화에 영향을 미친다. • 매체 이용자는 매체 자료의 주체적인 수용과 생산을 통해 정체성을 형성하고 사회적 의미 구성 과정에 관여한다. • 매체 이용자는 매체 및 매체 소통의 영향력에 대한 이해와 자신과 타인의 권리를 지키기 위한 적극적인 노력을 통해 건강한 소통 공동체를 형성한다.			
학년군	성취기준	지식 · 이해 (알다)	과정 · 기능 (하다)	가치 · 태도 (되다)
초 1-2	[2국06-01] 일상의 다양한 매체와 매체 자료에 흥미와 관심을 가진다.	• 일상의 매체 자료	• 매체 자료 접근하기	• 매체 소통에 대한 흥미와 관심
	[2국06-02] 일상의 경험과 생각을 글과 그림으로 표현한다.		• 글과 그림으로 표현하기	
초 3-4	[4국06-01] 인터넷에서 학습에 필요한 다양한 자료를 탐색하고 목적에 맞게 자료를 선택한다.	• 상황 맥락 • 인터넷의 학습 자료	• 인터넷 자료 탐색 · 선택하기 • 매체 자료 의미 파악하기 • 매체 소통의 목적 점검하기	
	[4국06-02] 매체를 활용하여 간단한 발표 자료를 만든다.		• 발표 자료 만들기	
	[4국06-03] 매체 소통 윤리를 고려하여 매체 자료를 활용하고 공유한다.		• 매체 자료 활용 · 공유하기	• 매체 소통 윤리
초 5-6	[6국06-01] 정보 검색 도구를 활용하여 자신의 목적에 맞는 매체 자료를 찾는다.	• 상황 맥락 • 사회 · 문화적 맥락 • 뉴스 및 각종 정보 매체 자료	• 목적에 맞는 정보 검색하기	
	[6국06-02] 뉴스 및 각종 정보 매체 자료의 신뢰성을 평가한다.		• 매체 자료의 신뢰성 평가하기	
	[6국06-03] 적합한 양식과 수용자의 반응을 고려하여 복합양식 매체 자료를 제작하고 공유한다.		• 복합양식 매체 자료 제작 · 공유하기	
	[6국06-04] 자신의 매체 이용 양상에 대해 성찰한다.		• 매체 이용 양상 점검하기	• 매체 소통에 대한 성찰

공통 교육과정			
핵심 아이디어	1-2	3-4	5-6
• 매체는 소통을 매개하는 도구, 기술, 환경으로 당대 사회의 **소통 방식과 소통 문화에 영향**을 미친다. • 매체 이용자는 **매체 자료의 주체적인 수용과 생산을 통해 정체성을 형성**하고 사회적 의미 구성 과정에 관여한다. • 매체 이용자는 **매체 및 매체 소통의 영향력에 대한 이해**와 자신과 타인의 **권리를 지키기 위한 적극적인 노력**을 통해 **건강한 소통 공동체를 형성**한다.	[2국06-01] 일상의 다양한 매체와 매체 자료에 흥미와 관심을 가진다.	[4국06-01] 인터넷에서 학습에 필요한 다양한 자료를 탐색하고 목적에 맞게 자료를 선택한다.	[6국06-01] 정보 검색 도구를 활용하여 자신의 목적에 맞는 매체 자료를 찾는다.
	[6국어02-02] [9국어02-05] **[12국어01-05]** [12국어02-05]	[6국어02-05] **[12국어01-05]** [12국어02-04] [12국어02-05]	[6국어02-02] [6국어02-05] **[12국어01-05]** [12국어02-04]
	[2국06-02] 일상의 경험과 생각을 글과 그림으로 표현한다.	[4국06-02] 매체를 활용하여 간단한 발표 자료를 만든다.	[6국06-02] 뉴스 및 각종 정보 매체 자료의 신뢰성을 평가한다.
	[6국어02-02] [12국어03-03]	**[12국어02-04] [12국어03-03]**	
		[4국06-03] 매체 소통 윤리를 고려하여 매체 자료를 활용하고 공유한다.	[6국06-03] 적합한 양식과 수용자의 반응을 고려하여 복합양식 매체 자료를 제작하고 공유한다.
		[12국어01-05]	[12국어03-03]
			[6국06-04] 자신의 매체 이용 양상에 대해 성찰한다.
			[6국어02-05]

수학-수와 연산

기본 교육과정				
핵심 아이디어	• 수 이전 개념을 다루는 활동은 수 개념 형성의 기초가 된다. • 사물의 개수와 양을 나타내기 위해 만들어진 수는 생활 속에서 집합수, 순서수, 명명수로 사용된다. • 기초적인 덧셈, 뺄셈, 곱셈, 나눗셈 연산의 문제 해결은 실생활 문제를 합리적으로 해결하는 데 유용하다. • 실생활 장면에서 다양한 형태의 화폐 활용은 화폐의 용도와 가치를 이해하는 토대가 된다.			
학년군	성취기준	지식·이해(알다)	과정·기능(하다)	가치·태도(되다)
초 1-2	[2수학01-01] 주변을 탐색하여 방금 전에 보았던 사물을 찾는다.	• 찾기		• 적극적으로 참여하는 태도
	[2수학01-02] 제시한 구체물과 같거나 다른 구체물을 찾는다.	• 변별하기		
	[2수학01-03] 구체물을 보고 많은 것과 적은 것을 비교한다.	• 비교하기		
	[2수학01-04] 서로 관계있는 구체물을 찾아 일대일로 짝짓는다.	• 짝짓기		
	[2수학01-05] 구체물을 한 가지 기준에 따라 순서대로 배열한다.	• 순서짓기		
	[2수학01-06] 구체물이 있고 없음을 구별하고, 한 개와 여러 개를 구별한다.	• 다섯까지 개수 세기	• 수 개념 파악하기 • 수를 세고 읽고 쓰기 • 수를 실생활과 타 교과에 적용하기 • 구체물, 수모형, 활용하기	• 수의 필요성 • 적극적으로 참여하는 태도
	[2수학01-07] 다섯 개 이하 구체물의 개수를 센다.			
	[2수학01-08] 배열이 다른 구체물의 개수를 세어 비교한다.			
	[2수학01-09] 다섯 개 이하의 구체물을 양쪽으로 가른다.	• 가르기와 모으기		
	[2수학01-10] 양쪽의 구체물을 하나로 모은다.			
	[2수학01-11] 화폐의 용도를 알고 구체물 중에서 화폐를 찾는다.	• 화폐 탐색		• 동전과 지폐의 생활 속 가치 • 적극적으로 참여하는 태도

초 3-4	[4수학01-01] 열 개 이하의 구체물 개수를 센다.	• 열까지 개수 세기	• 수 개념 파악하기 • 수를 세고 읽고 쓰기 • 수를 실생활과 타 교과에 적용하기 • 구체물, 수모형, 계산 도구 활용하기	• 수의 필요성 • 적극적으로 참여하는 태도
	[4수학01-02] 두 모음의 구체물 개수를 비교하고 많고 적음을 표현한다.			
	[4수학01-03] 9 이하의 수를 읽고 쓴다.	• 한 자리 수		
	[4수학01-04] 0의 개념을 알고 0을 읽고 쓴다.			
	[4수학01-05] 9 이하의 수 크기를 비교한다.			
	[4수학01-06] 구체물의 배열을 순서수로 표현한다.	• 순서수		
	[4수학01-07] 실생활에서 활용되는 한 자리 수의 덧셈과 뺄셈의 의미를 안다.	• 한 자리 수의 덧셈과 뺄셈	• 덧셈, 뺄셈 문제 해결 과정 나타내기 • 연산을 실생활과 타 교과에 적용하기 • 구체물, 수모형, 계산 도구 활용하기	• 덧셈과 뺄셈의 유용성 • 적극적으로 참여하는 태도
	[4수학01-08] 합이 9 이하인 더하기를 하고 덧셈식으로 나타낸다.			
	[4수학01-09] 피감수가 9 이하인 빼기를 하고 뺄셈식으로 나타낸다.			
	[4수학01-10] 0이 있는 덧셈과 뺄셈을 한다.			
	[4수학01-11] 동전의 액면가를 읽고 크기를 비교한다.	• 동전 활용	• 화폐 활용 시 간단한 의사 표현하기	• 동전과 지폐의 생활 속 가치 • 적극적으로 참여하는 태도
	[4수학01-12] 몇백 원짜리 상품과 교환할 수 있는 동전을 찾는다.			
초 5-6	[6수학01-01] 10의 개념을 알고, 몇십을 센다.	• 두 자리 수	• 수 개념 파악하기 • 수를 세고 읽고 쓰기 • 수를 실생활과 타 교과에 적용하기 • 구체물, 수모형, 계산 도구 활용하기	• 수의 필요성 • 적극적으로 참여하는 태도
	[6수학01-02] 10개의 묶음과 낱개의 수를 두 자리 수로 나타낸다.			
	[6수학01-03] 두 자리 수의 크기를 비교한다.			
	[6수학01-04] 합이 10이 되는 더하기를 하고 덧셈식으로 나타낸다.	• 10이 되는 더하기와 10에서 빼기	• 덧셈, 뺄셈 문제 해결 과정 나타내기 • 연산을 실생활과	• 덧셈과 뺄셈의 유용성 • 적극적으로 참여하는 태도

	[6수학01-05] 피감수가 10인 빼기를 하고 뺄셈식으로 나타낸다.		타 교과에 적용하기 • 구체물, 수모형, 계산 도구 활용하기	
	[6수학01-06] 실생활에서 활용되는 몇십의 덧셈과 뺄셈의 의미를 안다.	• 몇십의 덧셈과 뺄셈		
	[6수학01-07] 받아올림(내림)이 없는 몇십의 덧셈과 뺄셈을 한다.			
	[6수학01-08] 받아올림(내림)이 없는 몇십의 덧셈, 뺄셈과 관련된 실생활 문제를 해결한다.			
	[6수학01-09] 지폐(천 원, 오천 원, 만 원)의 액면가를 읽고 크기를 비교한다.	• 지폐 활용	• 화폐 활용 시 간단한 의사 표현하기	• 동전과 지폐의 생활 속 가치 • 적극적으로 참여하는 태도
	[6수학01-10] 지폐(천 원, 오천 원, 만 원)를 다른 액면가의 지폐로 교환한다.			
	[6수학01-11] 몇천 원짜리 상품과 교환할 수 있는 지폐를 찾는다.			
	[6수학01-12] 만 몇천 원짜리 상품과 교환할 수 있는 지폐를 찾는다.			
중 1-3	[9수학01-01] 100의 개념을 알고, 몇백을 센다.	• 세 자리 수	• 수 계열 파악하기 • 생활 속의 수를 찾아 읽고 쓰기 • 수를 여가, 직업생활 및 타 교과에 적용하기 • 수모형 활용하기	• 생활 속의 수에 대한 흥미와 관심 • 또래와 협력하는 태도
	[9수학01-02] 일, 십, 백의 자릿값을 알고, 세 자리 수를 읽고 쓴다.			
	[9수학01-03] 세 자리 수의 크기를 비교한다.			
	[9수학01-04] 실생활에서 활용되는 몇백의 덧셈과 뺄셈의 의미를 안다.	• 몇백의 덧셈과 뺄셈	• 사칙연산 문제 해결 과정 나타내기 • 연산을 여가, 직업생활 및 타 교과에 적용하기 • 수모형, 계산 도구 활용하기	• 사칙연산에서의 성공 경험 • 또래와 협력하는 태도
	[9수학01-05] 받아올림(내림)이 없는 몇백의 덧셈과 뺄셈을 한다.			
	[9수학01-06] 받아올림(내림)이 없는 몇백의 덧셈, 뺄셈과 관련된 실생활 문제를 해결한다.			
	[9수학01-07] 받아올림이 있는 한 자리 수의 덧셈을 한다.	• 받아올림이 있는 한 자리 수의 덧셈		
	[9수학01-08] 실생활에서 활용되는 곱셈의 의미를 안다.	• 곱셈의 기초		

	[9수학01-09] 곱셈구구의 원리를 알고 1단부터 9단까지 나타낸다.			
	[9수학01-10] 곱셈구구를 활용하여 실생활 문제를 해결한다.			
	[9수학01-11] 지폐(오만 원)의 액면가를 읽고 크기를 비교한다.	• 여러 가지 화폐 활용	• 화폐 활용 시 다양한 의사 표현하기	• 여러 가지 화폐의 생활 속 가치
	[9수학01-12] 지폐(오만 원)를 다른 액면가의 지폐로 교환한다.			
	[9수학01-13] 몇만 몇천 원짜리 상품과 교환할 수 있는 지폐를 찾는다.			
	[9수학01-14] 대용 화폐를 활용하여 상품을 교환한다.			
고 1-3	[12수학01-01] 1000의 개념을 알고, 몇천을 센다.	• 네 자리 수	• 수 계열 파악하기 • 생활 속의 수를 찾아 읽고 쓰기 • 수를 여가, 직업생활 및 타 교과에 적용하기 • 수모형 활용하기	• 생활 속의 수에 대한 흥미와 관심 • 또래와 협력하는 태도
	[12수학01-02] 일, 십, 백, 천의 자릿값을 알고, 네 자리 수를 읽고 쓴다.			
	[12수학01-03] 네 자리 수의 계열을 이해하고, 수의 크기를 비교한다.			
	[12수학01-04] 생활 속의 다양한 명명수를 읽는다.	• 생활 속의 수	• 생활 속의 수를 찾아 읽고 쓰기 • 수를 여가, 직업생활 및 타 교과에 적용하기	
	[12수학01-05] 생활 속에서 접하는 여러 가지 수를 찾아 읽는다.			
	[12수학01-06] 생활 속에서 접하는 여러 가지 수의 의미를 알고 활용한다.			
	[12수학01-07] 실생활에서 활용되는 몇천의 덧셈과 뺄셈의 의미를 안다.	• 큰 수의 덧셈과 뺄셈	• 사칙연산 문제 해결 과정 나타내기 • 연산을 여가, 직업생활 및 타 교과에 적용하기 • 수모형, 계산 도구 활용하기	• 사칙연산에서의 성공 경험 • 또래와 협력하는 태도
	[12수학01-08] 받아올림(내림)이 없는 몇천의 덧셈과 뺄셈을 한다.			
	[12수학01-09] 받아올림(내림)이 없는 몇천의 덧셈, 뺄셈과 관련된 실생활 문제를 해결한다.			

	[12수학01-10] 받아내림이 있는 (십 몇)-(몇)을 한다.	• 받아내림이 있는 십 몇과 한 자리 수의 뺄셈		
	[12수학01-11] 실생활에서 활용되는 나눗셈의 의미를 안다.	• 나눗셈의 기초		
	[12수학01-12] 나머지가 없는 나눗셈의 몫을 구한다.			
	[12수학01-13] 나눗셈과 관련된 실생활 문제를 해결한다.			
	[12수학01-14] 실생활의 다양한 상황에서 필요한 화폐를 활용한다.	• 화폐 활용과 관리	• 화폐 활용 시 다양한 의사 표현하기	• 여러 가지 화폐의 생활 속 가치
	[12수학01-15] 화폐를 관리하여 저축 및 소비 생활을 한다.			

공통 교육과정				
핵심 아이디어	• 사물의 양은 자연수, 분수, 소수 등으로 표현되며, 수는 자연수에서 정수, 유리수, 실수로 확장된다. • 사칙계산은 자연수에 대해 정의되며 정수, 유리수, 실수의 사칙계산으로 확장되고 이때 연산의 성질이 일관되게 성립한다. • 수와 사칙계산은 수학 학습의 기본이 되며, 실생활 문제를 포함한 다양한 문제를 해결하는 데 유용하게 활용된다.			
학년군	성취기준	지식·이해 (알다)	과정·기능 (하다)	가치·태도 (되다)
초 1-2	[2수01-01] 수의 필요성을 인식하면서 0과 100까지의 수 개념을 이해하고, 수를 세고 읽고 쓸 수 있다.	• 네 자리 이하의 수	• 자연수, 분수, 소수 등 수 관련 개념과 원리 탐구하기	• 자연수, 분수, 소수의 필요성 인식
	[2수01-02] 일, 십, 백, 천의 자릿값과 위치적 기수법을 이해하고, 네 자리 이하의 수를 읽고 쓸 수 있다.		• 수를 세고 읽고 쓰기	
	[2수01-03] 네 자리 이하의 수의 범위에서 수의 계열을 이해하고, 수의 크기를 비교할 수 있다.		• 자연수, 분수, 소수의 크기를 비교하고 그 방법을 설명하기	
	[2수01-04] 하나의 수를 두 수로 분해하고 두 수를 하나의 수로 합성하는 활동을 통하여 수 감각을 기른다.		• 수 감각과 연산 감각 기르기	
	[2수01-05] 덧셈과 뺄셈이 이루어지는 실생활 상황과 연결하여 덧셈과 뺄셈의 의미를 이해한다.	• 두 자리 수 범위의 덧셈과 뺄셈	• 사칙계산의 의미와 계산 원리를 탐구하고 계산하기 • 자연수, 분수, 소수, 사칙계산을 실생활 및 타 교과와 연결하여 문제해결하기 • 연산 사이의 관계, 분수와 소수의 관계를 탐구하기 • 자연수, 분수, 소수, 사칙계산을 실생활 및 타 교과와 연결하여 문제해결하기	• 사칙계산, 어림의 유용성 인식
	[2수01-06] 두 자리 수의 범위에서 덧셈과 뺄셈의 계산 원리를 이해하고 그 계산을 할 수 있다.			
	[2수01-07] 덧셈과 뺄셈의 관계를 이해한다.			
	[2수01-08] 두 자리 수의 범위에서 세 수의 덧셈과 뺄셈을 할 수 있다.			
	[2수01-09] □가 사용된 덧셈식과 뺄셈식을 만들고, □의 값을 구할 수 있다.			
	[2수01-10] 곱셈이 이루어지는 실생활 상황과 연결하여 곱셈의 의미를 이해한다.	• 한 자리 수의 곱셈		
	[2수01-11] 곱셈구구를 이해하고, 한			

	자리 수의 곱셈을 할 수 있다.			
초 3-4	[4수01-01] 큰 수의 필요성을 인식하면서 10000 이상의 큰 수에 대한 자릿값과 위치적 기수법을 이해하고, 수를 읽고 쓸 수 있다.	• 다섯 자리 이상의 수	• 자연수, 분수, 소수 등 수 관련 개념과 원리 탐구하기	• 자연수, 분수, 소수의 필요성 인식
	[4수01-02] 다섯 자리 이상의 수의 범위에서 수의 계열을 이해하고, 수의 크기를 비교하며 그 방법을 설명할 수 있다.		• 수를 세고 읽고 쓰기 • 자연수, 분수, 소수의 크기를 비교하고 그 방법을 설명하기	
	[4수01-03] 세 자리 수의 덧셈과 뺄셈의 계산 원리를 이해하고 그 계산을 할 수 있다.	• 세 자리 수의 덧셈과 뺄셈	• 사칙계산의 의미와 계산 원리를 탐구하고 계산하기	• 사칙계산, 어림의 유용성 인식
	[4수01-04] 곱하는 수가 한 자리 수 또는 두 자리 수인 곱셈의 계산 원리를 이해하고 그 계산을 할 수 있다.	• 자연수의 곱셈과 나눗셈		
	[4수01-05] 나눗셈이 이루어지는 실생활 상황과 연결하여 나눗셈의 의미를 알고, 곱셈과 나눗셈의 관계를 이해한다.		• 연산 사이의 관계, 분수와 소수의 관계를 탐구하기	• 자연수, 분수, 소수, 사칙계산을 실생활 및 타 교과와 연결하여 문제해결하기
	[4수01-06] 나누는 수가 한 자리 수인 나눗셈의 계산 원리를 이해하고 그 계산을 할 수 있으며, 나눗셈에서 몫과 나머지의 의미를 안다.		• 사칙계산의 의미와 계산 원리를 탐구하고 계산하기	• 사칙계산, 어림의 유용성 인식
	[4수01-07] 나누는 수가 두 자리 수인 나눗셈의 계산 원리를 이해하고 그 계산을 할 수 있다.			
	[4수01-08] 자연수의 덧셈, 뺄셈, 곱셈, 나눗셈과 관련한 여러 가지 상황에서 어림셈을 할 수 있다.		• 자연수, 분수, 소수, 사칙계산을 실생활 및 타 교과와 연결하여 문제해결하기	
	[4수01-09] 양의 등분할을 통하여 분수의 필요성을 인식하고, 분수를 이해하고 읽고 쓸 수 있다.	• 분수		• 자연수, 분수, 소수의 필요성 인식 • 분수 표현의 편리함 인식

	[4수01-10] 단위분수, 진분수, 가분수, 대분수를 알고, 그 관계를 이해한다.		• 연산 사이의 관계, 분수와 소수의 관계를 탐구하기	
	[4수01-11] 분모가 같은 분수끼리, 단위분수끼리 크기를 비교하고 그 방법을 설명할 수 있다.		• 자연수, 분수, 소수의 크기를 비교하고 그 방법을 설명하기	
	[4수01-12] 분모가 10인 진분수와 연결하여 소수 한 자리 수를 이해하고 읽고 쓸 수 있다.	• 소수	• 자연수, 분수, 소수 등 수 관련 개념과 원리를 탐구하기 • 수를 세고 읽고 쓰기	• 자연수, 분수, 소수의 필요성 인식
	[4수01-13] 자릿값의 원리를 바탕으로 소수 두 자리 수와 소수 세 자리 수를 이해하고 읽고 쓸 수 있다.			
	[4수01-14] 소수의 크기를 비교하고 그 방법을 설명할 수 있다.		• 자연수, 분수, 소수의 크기를 비교하고 그 방법을 설명하기	
	[4수01-15] 분모가 같은 분수의 덧셈과 뺄셈의 계산 원리를 이해하고 그 계산을 할 수 있다.	• 분모가 같은 분수의 덧셈과 뺄셈	• 사칙계산의 의미와 계산 원리를 탐구하고 계산하기	• 사칙계산, 어림의 유용성 인식
	[4수01-16] 소수 두 자리 수의 범위에서 소수의 덧셈과 뺄셈의 계산 원리를 이해하고 그 계산을 할 수 있다.	• 소수의 덧셈과 뺄셈		
초 5-6	[6수01-01] 덧셈, 뺄셈, 곱셈, 나눗셈의 혼합 계산에서 계산하는 순서를 알고, 혼합 계산을 할 수 있다.	• 자연수의 혼합 계산	• 사칙계산의 의미와 계산 원리를 탐구하고 계산하기	• 사칙계산, 어림의 유용성 인식 • 수와 연산 관련 문제해결에서 비판적으로 사고하는 태도
	[6수01-02] 실생활과 연결하여 이상, 이하, 초과, 미만의 의미와 쓰임을 알고, 이를 활용하여 수의 범위를 나타낼 수 있다.	• 수의 범위와 올림, 버림, 반올림	• 수의 범위와 올림, 버림, 반올림한 어림값을 실생활과 연결하기 • 자연수, 분수, 소수, 사칙계산을 실생활 및 타 교과와 연결하여 문제해결하기	
	[6수01-03] 어림값을 구하기 위한 방법으로 올림, 버림, 반올림의 의미와 필요성을 알고, 이를 실생활에 활용함으로써 수학의 유용성을 인식할 수 있다.			
	[6수01-04] 약수, 공약수, 최대공약수를 이해하고 구할 수 있다.	• 약수와 배수		• 수와 연산 관련 문제해결에서 비판적으로 사고하는 태도
	[6수01-05] 배수, 공배수, 최소공배수			

	를 이해하고 구할 수 있다.			
	[6수01-06] 크기가 같은 분수를 만드는 방법을 이해하고, 분수를 약분, 통분할 수 있다.	• 분모가 다른 분수의 덧셈과 뺄셈		
	[6수01-07] 분모가 다른 분수의 크기를 비교하고 그 방법을 설명할 수 있다.		• 자연수, 분수, 소수의 크기를 비교하고 그 방법을 설명하기	
	[6수01-08] 분모가 다른 분수의 덧셈과 뺄셈의 계산 원리를 탐구하고 그 계산을 할 수 있다.		• 사칙계산의 의미와 계산 원리를 탐구하고 계산하기	• 사칙계산, 어림의 유용성 인식
	[6수01-09] 분수의 곱셈의 계산 원리를 탐구하고 그 계산을 할 수 있다.	• 분수의 곱셈과 나눗셈		
	[6수01-10] '(자연수)÷(자연수)'에서 나눗셈의 몫을 분수로 나타낼 수 있다.			
	[6수01-11] 분수의 나눗셈의 계산 원리를 탐구하고 그 계산을 할 수 있다.			
	[6수01-12] 분수와 소수의 관계를 이해하고 크기를 비교하며 그 방법을 설명할 수 있다.	• 소수의 곱셈과 나눗셈	• 연산 사이의 관계, 분수와 소수의 관계를 탐구하기	
	[6수01-13] 소수의 곱셈의 계산 원리를 탐구하고 그 계산을 할 수 있다.		• 사칙계산의 의미와 계산 원리를 탐구하고 계산하기	• 사칙계산, 어림의 유용성 인식
	[6수01-14] '(자연수)÷(자연수)'에서 나눗셈의 몫을 소수로 나타낼 수 있다.			
	[6수01-15] 소수의 나눗셈의 계산 원리를 탐구하고 그 계산을 할 수 있다.			

핵심 아이디어	1-2	3-4	5-6	중1-3	고1-3
기본 교육과정					
• 수 이전 개념을 다루는 활동은 수 개념 형성의 기초가 된다. • 사물의 개수와 양을 나타내기 위해 만들어진 수는 **생활 속에서 집합수, 순서수, 명명수로 사용된다.** • 기초적인 덧셈, 뺄셈, 곱셈, 나눗셈 연산의 문제 해결은 **실생활 문제를** 합리적으로 **해결**하는 데 유용하다. • 실생활 장면에서 **다양한 형태의 화폐 활용은** 화폐의 용도와 가치를 이해하는 토대가 된다.	[2수학01-01] 주변을 탐색하여 방금 전에 보았던 사물을 찾는다.	[4수학01-01] 열 개 이하의 구체물 개수를 센다.	[6수학01-01] 10의 개념을 알고, 몇십을 센다.	[9수학01-01] 100의 개념을 알고, 몇백을 센다.	[12수학01-01] 1000의 개념을 알고, 몇천을 센다.
	[2수학01-02] 제시한 구체물과 같거나 다른 구체물을 찾는다.	[4수학01-02] 두 모음의 구체물 개수를 비교하고 많고 적음을 표현한다.	[6수학01-02] 10개의 묶음과 낱개의 수를 두 자리 수로 나타낸다.	[9수학01-02] 일, 십, 백의 자릿값을 알고, 세 자리 수를 읽고 쓴다.	[12수학01-02] 일, 십, 백, 천의 자릿값을 알고, 네 자리 수를 읽고 쓴다.
	[2수학01-03] 구체물을 보고 많은 것과 적은 것을 비교한다.	[4수학01-03] 9 이하의 수를 읽고 쓴다.	[6수학01-03] 두 자리 수의 크기를 비교한다.	[9수학01-03] 세 자리 수의 크기를 비교한다.	[12수학01-03] 네 자리 수의 계열을 이해하고, 수의 크기를 비교한다.
	[2수학01-04] 서로 관계있는 구체물을 찾아 일대일로 짝짓는다.	[4수학01-04] 0의 개념을 알고 0을 읽고 쓴다.	[6수학01-04] 합이 10이 되는 더하기를 하고 덧셈식으로 나타낸다.	[9수학01-04] 실생활에서 활용되는 몇백의 덧셈과 뺄셈의 의미를 안다.	[12수학01-04] 생활 속의 다양한 명명수를 읽는다.
	[2수학01-05] 구체물을 한 가지 기준에 따라 순서대로 배열한다.	[4수학01-05] 9 이하의 수 크기를 비교한다.	[6수학01-05] 피감수가 10인 빼기를 하고 뺄셈식으로 나타낸다.	[9수학01-05] 받아올림(내림)이 없는 몇백의 덧셈과 뺄셈을 한다.	[12수학01-05] 생활 속에서 접하는 여러 가지 수를 찾아 읽는다.
	[2수학01-06] 구체물이 있고 없음을 구별하고, 한 개와 여러 개를 구별한다.	[4수학01-06] 구체물의 배열을 순서수로 표현한다.	[6수학01-06] 실생활에서 활용되는 몇십의 덧셈과 뺄셈의 의미를 안다.	[9수학01-06] 받아올림(내림)이 없는 몇백의 덧셈, 뺄셈과 관련된 실생활 문제를 해결한다.	[12수학01-06] 생활 속에서 접하는 여러 가지 수의 의미를 알고 활용한다.
	[2수학01-07] 다섯 개 이하 구체물의 개수를 센다.	[4수학01-07] 실생활에서 활용되는 한 자리 수의 덧셈과 뺄셈의 의미를 안다.	[6수학01-07] 받아올림(내림)이 없는 몇십의 덧셈과 뺄셈을 한다.	[9수학01-07] 받아올림이 있는 한 자리 수의 덧셈을 한다.	[12수학01-07] 실생활에서 활용되는 몇천의 덧셈과 뺄셈의 의미를 안다.
	[2수학01-08] 배열이 다른 구체물의 개수를 세어 비교한다.	[4수학01-08] 합이 9 이하인 더하기를 하고 덧셈식으로 나타낸다.	[6수학01-08] 받아올림(내림)이 없는 몇십의 덧셈, 뺄셈과 관련된 실생활 문제를 해결한다.	[9수학01-08] 실생활에서 활용되는 곱셈의 의미를 안다.	[12수학01-08] 받아올림(내림)이 없는 몇천의 덧셈과 뺄셈을 한다.

	[2수학01-09] 다섯 개 이하의 구체물을 양쪽으로 가른다.	[4수학01-09] 피감수가 9 이하인 빼기를 하고 뺄셈식으로 나타낸다.	[6수학01-09] 지폐(천 원, 오천 원, 만 원)의 액면가를 읽고 크기를 비교한다.	[9수학01-09] 곱셈구구의 원리를 알고 1단부터 9단까지 나타낸다.	[12수학01-09] 받아올림(내림)이 없는 몇천의 덧셈, 뺄셈과 관련된 실생활 문제를 해결한다.
	[2수학01-10] 양쪽의 구체물을 하나로 모은다.	[4수학01-10] 0이 있는 덧셈과 뺄셈을 한다.	[6수학01-10] 지폐(천 원, 오천 원, 만 원)를 다른 액면가의 지폐로 교환한다.	[9수학01-10] 곱셈구구를 활용하여 실생활 문제를 해결한다.	[12수학01-10] 받아내림이 있는 (십몇) - (몇)을 한다.
	[2수학01-11] 화폐의 용도를 알고 구체물 중에서 화폐를 찾는다.	[4수학01-11] 동전의 액면가를 읽고 크기를 비교한다.	[6수학01-11] 몇천 원짜리 상품과 교환할 수 있는 지폐를 찾는다.	[9수학01-11] 지폐(오만 원)의 액면가를 읽고 크기를 비교한다.	[12수학01-11] 실생활에서 활용되는 나눗셈의 의미를 안다.
		[4수학01-12] 몇백 원짜리 상품과 교환할 수 있는 동전을 찾는다.	[6수학01-12] 만 몇천 원짜리 상품과 교환할 수 있는 지폐를 찾는다.	[9수학01-12] 지폐(오만 원)를 다른 액면가의 지폐로 교환한다.	[12수학01-12] 나머지가 없는 나눗셈의 몫을 구한다.
				[9수학01-13] 몇만 몇천 원짜리 상품과 교환할 수 있는 지폐를 찾는다.	[12수학01-13] 나눗셈과 관련된 실생활 문제를 해결한다.
				[9수학01-14] 대용 화폐를 활용하여 상품을 교환한다.	[12수학01-14] 실생활의 다양한 상황에서 필요한 화폐를 활용한다.
					[12수학01-15] 화폐를 관리하여 저축 및 소비생활을 한다.

<table>
<tr><th colspan="4">공통 교육과정</th></tr>
<tr><th>핵심 아이디어</th><th>1-2</th><th>3-4</th><th>5-6</th></tr>
<tr><td rowspan="18">• 사물의 양은 자연수, 분수, 소수 등으로 표현되며, 수는 자연수에서 정수, 유리수, 실수로 확장된다.
• 사칙계산은 자연수에 대해 정의되며 정수, 유리수, 실수의 사칙계산으로 확장되고 이때 연산의 성질이 일관되게 성립한다.
• 수와 사칙계산은 수학 학습의 기본이 되며, 실생활 문제를 포함한 다양한 문제를 해결하는 데 유용하게 활용된다.</td><td>[2수01-01] 수의 필요성을 인식하면서 0과 100까지의 수 개념을 이해하고, 수를 세고 읽고 쓸 수 있다.</td><td>[4수01-01] 큰 수의 필요성을 인식하면서 10000 이상의 큰 수에 대한 자릿값과 위치적 기수법을 이해하고, 수를 읽고 쓸 수 있다.</td><td>[6수01-01] 덧셈, 뺄셈, 곱셈, 나눗셈의 혼합 계산에서 계산하는 순서를 알고, 혼합 계산을 할 수 있다.</td></tr>
<tr><td>[2수학01-06] [2수학01-07] [2수학01-08] [4수학01-01] [4수학01-04] [6수학01-01] [6수학01-02] [9수학01-01]</td><td>[6수학01-09] [6수학01-10] [6수학01-12] [9수학01-12] [9수학01-13]</td><td>[6수학01-06] [9수학01-07] [9수학01-09] [12수학01-10] [12수학01-12]</td></tr>
<tr><td>[2수01-02] 일, 십, 백, 천의 자릿값과 위치적 기수법을 이해하고, 네 자리 이하의 수를 읽고 쓸 수 있다.</td><td>[4수01-02] 다섯 자리 이상의 수의 범위에서 수의 계열을 이해하고, 수의 크기를 비교하며 그 방법을 설명할 수 있다.</td><td>[6수01-02] 실생활과 연결하여 이상, 이하, 초과, 미만의 의미와 쓰임을 알고, 이를 활용하여 수의 범위를 나타낼 수 있다.</td></tr>
<tr><td>[4수학01-03] [6수학01-02] [9수학01-02] [12수학01-01] [12수학01-02]</td><td>[9수학01-11]</td><td></td></tr>
<tr><td>[2수01-03] 네 자리 이하의 수의 범위에서 수의 계열을 이해하고, 수의 크기를 비교할 수 있다.</td><td>[4수01-03] 세 자리 수의 덧셈과 뺄셈의 계산 원리를 이해하고 그 계산을 할 수 있다.</td><td>[6수01-03] 어림값을 구하기 위한 방법으로 올림, 버림, 반올림의 의미와 필요성을 알고, 이를 실생활에 활용함으로써 수학의 유용성을 인식할 수 있다.</td></tr>
<tr><td>[2수학01-03] [2수학01-08] [4수학01-05] [4수학01-06] [6수학01-03] [9수학01-03] [12수학01-03]</td><td>[9수학01-04] [9수학01-05] [9수학01-06] [12수학01-07] [12수학01-08] [12수학01-09]</td><td>[12수학03-04]</td></tr>
<tr><td>[2수01-04] 하나의 수를 두 수로 분해하고 두 수를 하나의 수로 합성하는 활동을 통하여 수 감각을 기른다.</td><td>[4수01-04] 곱하는 수가 한 자리 수 또는 두 자리 수인 곱셈의 계산 원리를 이해하고 그 계산을 할 수 있다.</td><td>[6수01-04] 약수, 공약수, 최대공약수를 이해하고 구할 수 있다.</td></tr>
<tr><td>[2수학01-09] [2수학01-10]</td><td>[9수학01-09] [9수학01-10]</td><td>[12수학01-12]</td></tr>
<tr><td>[2수01-05] 덧셈과 뺄셈이 이루어지는 실생활 상황과 연결하여 덧셈과 뺄셈의 의미를 이해한다.</td><td>[4수01-05] 나눗셈이 이루어지는 실생활 상황과 연결하여 나눗셈의 의미를 알고, 곱셈과 나눗셈의 관계를 이해한다.</td><td>[6수01-05] 배수, 공배수, 최소공배수를 이해하고 구할 수 있다.</td></tr>
<tr><td>[4수학01-07] [6수학01-06]</td><td>[12수학01-11]</td><td></td></tr>
<tr><td>[2수01-06] 두 자리 수의 범위에서 덧셈과 뺄셈의 계산 원리를 이해하고 그 계산을 할 수 있다.</td><td>[4수01-06] 나누는 수가 한 자리 수인 나눗셈의 계산 원리를 이해하고 그 계산을 할 수 있으며, 나눗셈에서 몫과 나머지의 의미를 안다.</td><td>[6수01-06] 크기가 같은 분수를 만드는 방법을 이해하고, 분수를 약분, 통분할 수 있다.</td></tr>
<tr><td>[4수학01-08] [4수학01-09] [4수학01-10] [6수학01-04] [6수학01-05] [6수학01-06] [6수학01-07] [6수학01-08] [9수학01-07] [12수학01-10]</td><td>[12수학01-12] [12수학01-13]</td><td></td></tr>
<tr><td>[2수01-07] 덧셈과 뺄셈의 관계를 이해한다.</td><td>[4수01-07] 나누는 수가 두 자리 수인 나눗셈의 계산 원리</td><td>[6수01-07] 분모가 다른 분수의 크기를 비교하고 그 방법을</td></tr>
</table>

		를 이해하고 그 계산을 할 수 있다.	설명할 수 있다.
	[4수학01-07] [6수학01-06]	[12수학01-12] [12수학01-13]	
	[2수01-08] 두 자리 수의 범위에서 세 수의 덧셈과 뺄셈을 할 수 있다.	[4수01-08] 자연수의 덧셈, 뺄셈, 곱셈, 나눗셈과 관련한 여러 가지 상황에서 어림셈을 할 수 있다.	[6수01-08] 분모가 다른 분수의 덧셈과 뺄셈의 계산 원리를 탐구하고 그 계산을 할 수 있다.
	[9수학01-07]		
	[2수01-09] □가 사용된 덧셈식과 뺄셈식을 만들고, □의 값을 구할 수 있다.	[4수01-09] 양의 등분할을 통하여 분수의 필요성을 인식하고, 분수를 이해하고 읽고 쓸 수 있다.	[6수01-09] 분수의 곱셈의 계산 원리를 탐구하고 그 계산을 할 수 있다.
		[12수학01-05] [12수학01-06]	
	[2수01-10] 곱셈이 이루어지는 실생활 상황과 연결하여 곱셈의 의미를 이해한다.	[4수01-10] 단위분수, 진분수, 가분수, 대분수를 알고, 그 관계를 이해한다.	[6수01-10] '(자연수)÷(자연수)'에서 나눗셈의 몫을 분수로 나타낼 수 있다.
	[9수학01-08]	[12수학01-05] [12수학01-06]	[12수학01-12] [12수학01-13]
	[2수01-11] 곱셈구구를 이해하고, 한 자리 수의 곱셈을 할 수 있다.	[4수01-11] 분모가 같은 분수끼리, 단위분수끼리 크기를 비교하고 그 방법을 설명할 수 있다.	[6수01-11] 분수의 나눗셈의 계산 원리를 탐구하고 그 계산을 할 수 있다.
	[9수학01-09] [9수학01-10]	[12수학01-05] [12수학01-06]	[12수학01-05] [12수학01-06]
		[4수01-12] 분모가 10인 진분수와 연결하여 소수 한 자리 수를 이해하고 읽고 쓸 수 있다.	[6수01-12] 분수와 소수의 관계를 이해하고 크기를 비교하며 그 방법을 설명할 수 있다.
		[12수학01-05] [12수학01-06]	[12수학01-05] [12수학01-06]
		[4수01-13] 자릿값의 원리를 바탕으로 소수 두 자리 수와 소수 세 자리 수를 이해하고 읽고 쓸 수 있다.	[6수01-13] 소수의 곱셈의 계산 원리를 탐구하고 그 계산을 할 수 있다.
		[12수학01-05] [12수학01-06]	[12수학01-12]
		[4수01-14] 소수의 크기를 비교하고 그 방법을 설명할 수 있다.	[6수01-14] '(자연수)÷(자연수)'에서 나눗셈의 몫을 소수로 나타낼 수 있다.
		[12수학01-05] [12수학01-06]	
		[4수01-15] 분모가 같은 분수의 덧셈과 뺄셈의 계산 원리를 이해하고 그 계산을 할 수 있다.	[6수01-15] 소수의 나눗셈의 계산 원리를 탐구하고 그 계산을 할 수 있다.
		[4수01-16] 소수 두 자리 수의 범위에서 소수의 덧셈과 뺄셈의 계산 원리를 이해하고 그 계산을 할 수 있다.	

수학-도형과 측정

<table>
<tr><th colspan="5">도형</th></tr>
<tr><th colspan="5">기본 교육과정</th></tr>
<tr><td>핵심 아이디어</td><td colspan="4">• 주변 사물을 관찰하여 여러 가지 모양을 찾고, 조작하는 것은 도형의 특성과 성질을 이해하는 기초가 된다.
• 입체 또는 평면 모양과 도형을 만들고 꾸미는 활동을 통해 도형을 생활 속에서 유용하게 활용한다.
• 공간에 대한 직접적 경험은 물리적 공간을 이해하고 활용하는 기초가 된다.</td></tr>
<tr><th>학년군</th><th>성취기준</th><th>지식 · 이해(알다)</th><th>과정 · 기능(하다)</th><th>가치 · 태도(되다)</th></tr>
<tr><td rowspan="5">초 1-2</td><td>[2수학02-01] 생활 주변에서 볼 수 있는 사물의 모양을 관찰한다.</td><td rowspan="3">• 사물의 모양</td><td rowspan="3">• 사물의 모양 관찰하고 찾기
• 직관적 비교로 모양 분류하기</td><td rowspan="3">• 사물의 모양에 대한 흥미와 관심
• 모양의 아름다움</td></tr>
<tr><td>[2수학02-02] 여러 가지 사물의 모양의 기초적인 특성을 구별한다.</td></tr>
<tr><td>[2수학02-03] 직관적인 비교를 통하여 같은 모양과 다른 모양을 찾는다.</td></tr>
<tr><td>[2수학02-04] 주변의 물건을 자유롭게 옮긴다.</td><td rowspan="2">• 공간의 탐색</td><td rowspan="2"></td><td rowspan="2"></td></tr>
<tr><td>[2수학02-05] 나를 중심으로 앞, 뒤, 옆, 위, 아래를 구별한다.</td></tr>
<tr><td rowspan="6">초 3-4</td><td>[4수학02-01] 교실 및 생활 주변에서 볼 수 있는 사물에서 여러 가지 입체 모양을 찾는다.</td><td rowspan="3">• 입체 모양</td><td rowspan="3">• 사물의 모양 관찰하고 찾기
• 직관적 비교로 모양 분류하기</td><td rowspan="3">• 사물의 모양에 대한 흥미와 관심
• 모양의 아름다움</td></tr>
<tr><td>[4수학02-02] 상자 모양, 공 모양, 둥근 기둥 모양 등의 여러 가지 입체 모양을 탐색한다.</td></tr>
<tr><td>[4수학02-03] 직관적인 비교를 통하여 상자 모양, 공 모양, 둥근 기둥 모양을 분류한다.</td></tr>
<tr><td>[4수학02-04] 여러 가지 입체 모양을 활용하여 모양을 만들거나 꾸민다.</td><td>• 입체 모양 만들기와 꾸미기</td><td>• 여러 가지 모양으로 만들기와 꾸미기</td><td>• 만들기와 꾸미기의 즐거움
• 또래와 협력하여 만들기와 꾸미기</td></tr>
<tr><td>[4수학02-05] 주변의 물건을 찾거나 옮기면서 위치의 변화를 경험한다.</td><td rowspan="2">• 위치와 방향의 변화</td><td rowspan="2">• 위치와 방향, 거리를 구분하기
• 대상의 위치, 방향, 거리 나타내기</td><td rowspan="2"></td></tr>
<tr><td>[4수학02-06] 주변의 물건을 찾거나 옮기면서 방향의 변화를 경험한다.</td></tr>
</table>

초 5-6	[6수학02-01] 교실 및 생활 주변의 사물을 관찰하여 여러 가지 평면 모양을 찾는다.	• 평면 모양	• 사물의 모양 관찰하고 찾기 • 직관적 비교로 모양 분류하기	• 사물의 모양에 대한 흥미와 관심 • 모양의 아름다움
	[6수학02-02] 동그라미, 네모, 세모 등의 여러 가지 평면 모양을 탐색한다.			
	[6수학02-03] 직관적 비교를 통하여 동그라미, 네모, 세모 모양을 분류한다.			
	[6수학02-04] 동그라미, 네모, 세모 등의 평면 모양을 다양한 방법으로 만들거나 그린다.	• 평면 모양 만들기와 꾸미기	• 여러 가지 모양으로 만들기와 꾸미기 • 도구를 사용하여 모양 그리기	• 만들기와 꾸미기의 즐거움 • 또래와 협력하여 만들기와 꾸미기
	[6수학02-05] 여러 가지 평면 모양을 활용하여 모양을 만들거나 꾸민다.			
	[6수학02-06] 사물의 위치, 방향, 거리를 파악하여 표현한다.	• 공간의 이해	• 위치와 방향, 거리를 구분하기 • 대상의 위치, 방향, 거리 나타내기	
	[6수학02-07] 위치, 방향, 거리에 맞게 물건을 옮긴다.			
중 1-3	[9수학02-01] 사각형, 삼각형, 원을 탐색한다.	• 평면도형	• 도형 관찰하고 구별하기 • 직관적 비교로 도형 분류하기	• 도형에 대한 흥미와 관심 • 도형의 아름다움
	[9수학02-02] 직관적 비교를 통하여 사각형, 삼각형, 원을 분류한다.			
	[9수학02-03] 사각형, 삼각형, 원의 특성을 이해한다.			
	[9수학02-04] 다양한 방법으로 사각형, 삼각형, 원을 만들거나 그린다.	• 평면도형 만들기와 꾸미기	• 여러 가지 도형으로 만들기와 꾸미기 • 도구를 사용하여 도형 그리기	• 또래와 협력하여 만들기와 꾸미기
	[9수학02-05] 여러 가지 도형을 활용하여 모양을 만들거나 꾸민다.			
	[9수학02-06] 쌓기나무를 이용하여 자유롭게 늘어놓거나 쌓는다.	• 쌓기나무 쌓기	• 사용된 쌓기나무 개수 세기 • 모양 보고 쌓기나무 개수 추측하기	
	[9수학02-07] 입체 모양을 보고 똑같이 쌓기나무로 쌓는다.			
	[9수학02-08] 쌓기나무로 만든 입체 모양에 사용된 쌓기나무의 개수를 센다.			

고 1-3	[12수학02-01] 주어진 도형으로 무늬를 꾸미거나 모양을 채운다. [12수학02-02] 여러 가지 도형을 활용하여 만들거나 꾸며 실생활에 활용한다.	• 생활과 도형	• 여러 가지 도형으로 만들기와 꾸미기	• 도형의 아름다움 • 또래와 협력하여 만들기와 꾸미기
	[12수학02-03] 크기와 모양이 같은 물건을 늘어놓거나 쌓아 공간을 정리한다. [12수학02-04] 크기와 모양이 다른 물건을 늘어놓거나 쌓아 공간을 정리한다. [12수학02-05] 공간을 활용하는 목적에 맞게 정리한다.	• 공간의 활용		• 공간의 효율적 활용

측정				
기본 교육과정				
핵심 아이디어	• 여러 가지 속성의 양을 비교하고, 단위를 사용하여 측정하는 활동은 실생활 및 실습 활동에 활용된다. • 일상생활 속 시간의 순서와 경과를 이해하는 것은 계획적인 생활을 실천하는 토대가 된다.			
학년군	성취기준	지식 · 이해(알다)	과정 · 기능(하다)	가치 · 태도(되다)
초 1-2	[2수학03-01] 여러 가지 구체물의 크기, 길이, 무게를 감각적으로 경험한다.	• 직관적 비교	• 측정 대상의 속성 탐색하기 • 양을 비교하고 결과를 표현하기	
	[2수학03-02] 구체물 두 개의 크기, 길이를 직관적으로 비교하고 용어로 나타낸다.			
	[2수학03-03] 구체물 두 개의 무게를 직관적으로 비교하고 용어로 나타낸다.			
	[2수학03-04] 생활 모습을 관찰하여 낮과 밤으로 나타낸다.	• 시간 경험하기	• 시간의 순서 파악하기 • 시간과 생활 모습의 변화 연결하기	
	[2수학03-05] 시간의 변화에 따른 일상생활의 모습을 관찰하여 전과 후로 구분한다.			
초 3-4	[4수학03-01] 구체물 두세 개의 크기, 길이를 직접 비교하고 용어로 나타낸다.	• 직접 비교	• 양을 비교하고 결과를 표현하기	
	[4수학03-02] 구체물 두세 개의 무게를 직접 비교하고 용어로 나타낸다.			
	[4수학03-03] 하루의 주요 활동을 보고 아침, 점심, 저녁으로 구분한다.	• 하루의 일과	• 시간의 순서 파악하기 • 시간과 생활 모습의 변화 연결하기	
	[4수학03-04] 하루의 주요 활동을 아침, 점심, 저녁의 시간 순서대로 나타낸다.			
초 5-6	[6수학03-01] 길이(cm)의 단위를 알고 측정 도구(자 등)를 사용하여 길이를 측정한다.	• 길이(cm)	• 측정 도구 사용하기 • 측정 단위(cm, L, 시, 일) 표현하기 • 측정을 일상생활과 연결하기	• 측정 도구의 필요성 • 측정 활동에서의 성공 경험
	[6수학03-02] 들이(L)의 단위를 알고 측정 도구(비커 등)를 사용하여 들이를 측정한다.	• 들이(L)		
	[6수학03-03] 다양한 형태의 시계를 경험하고 시각을 '몇 시', '몇 시 30분'으로 나타낸다.	• 시각과 날짜	• 시간의 순서 파악하기 • 시간과 생활 모습의 변화 연결하기	• 시간 측정의 필요성 • 측정 활동에서의 성공 경험
	[6수학03-04] 1일, 1주일을 알고 날짜를 '며			

	칠', '무슨 요일'로 나타낸다.			
중 1-3	[9수학03-01] 길이(m)의 단위를 알고 측정 도구(줄자 등)를 사용하여 길이를 측정한다.	• 길이(m)	• 측정 정보 파악하기 • 측정 도구 선택하고 활용하기 • 측정 단위 표현하기(m, km, kg) • 측정을 자립, 진로와 직업생활, 타 교과와 연결하기	• 측정 도구 활용의 유용성 • 측정 활동에서의 자신감
	[9수학03-02] 무게(kg)의 단위를 알고 측정 도구(저울 등)를 사용하여 무게를 측정한다.	• 무게(kg)		
	[9수학03-03] 1시간은 60분임을 알고 시간을 '몇 분', '몇 시간'으로 나타낸다.	• 시간과 달력	• 시간에 따른 생활 모습의 변화 관계 짓기 • 측정 단위 표현하기(월, 년) • 측정을 자립, 진로와 직업생활, 타 교과와 연결하기	
	[9수학03-04] 다양한 형태의 달력을 경험하고 날짜를 '몇 월', '몇 월 며칠'로 나타낸다.			
고 1-3	[12수학03-01] 길이의 단위를 활용하여 여러 가지 측정 활동에 참여한다.	• 생활과 측정	• 측정 도구 선택하고 활용하기 • 측정을 자립, 진로와 직업생활, 타 교과와 연결하기	• 측정 도구 활용의 유용성 • 측정 활동에서의 자신감
	[12수학03-02] 들이의 단위를 활용하여 여러 가지 측정 활동에 참여한다.			
	[12수학03-03] 무게의 단위를 활용하여 여러 가지 측정 활동에 참여한다.			
	[12수학03-04] 생활 속 활동에 필요한 양을 어림한다.		• 물체의 양 어림하기	
	[12수학03-05] 여러 가지 생활 내용을 일일, 주간 계획표에 나타낸다.	• 시간 계획하기	• 시간 계획을 수립하고 생활에 활용하기	• 시간 계획의 유용성
	[12수학03-06] 여러 가지 생활 계획표를 보고 필요한 일정을 나타낸다.			

공통 교육과정				
핵심 아이디어	• 평면도형과 입체도형은 여러 가지 모양을 범주화한 것이며, 각각의 평면도형과 입체도형은 고유한 성질을 갖는다. • 도형의 성질과 관계를 탐구하고 정당화하는 것은 논리적이고 비판적으로 사고하는 데 기반이 된다. • 측정은 여러 가지 속성의 양을 비교하고 속성에 따른 단위를 이용하여 양을 수치화함으로써 여러 가지 현상을 해석하거나 실생활 문제를 해결하는 데 활용된다.			
학년군	성취기준	지식·이해 (알다)	과정·기능 (하다)	가치·태도 (되다)
초 1-2	[2수03-01] 교실 및 생활 주변에서 여러 가지 물건을 관찰하여 직육면체, 원기둥, 구의 모양을 찾고, 이를 이용하여 여러 가지 모양을 만들 수 있다.	• 입체도형의 모양	• 여러 가지 사물과 도형을 기준에 따라 분류하기 • 평면도형이나 입체도형 그리기와 만들기	• 평면도형, 입체도형에 대한 흥미와 관심
	[2수03-02] 쌓기나무를 이용하여 여러 가지 입체도형의 모양을 만들고, 그 모양에 대해 위치나 방향을 이용하여 말할 수 있다.		• 공간 감각 기르기	
	[2수03-03] 교실 및 생활 주변에서 여러 가지 물건을 관찰하여 삼각형, 사각형, 원의 모양을 찾고, 이를 이용하여 여러 가지 모양을 만들 수 있다.	• 평면도형과 그 구성 요소	• 여러 가지 사물과 도형을 기준에 따라 분류하기 • 평면도형이나 입체도형 그리기와 만들기	• 평면도형, 입체도형에 대한 흥미와 관심
	[2수03-04] 삼각형, 사각형, 원을 직관적으로 이해하고, 그 모양을 그릴 수 있다.		• 평면도형이나 입체도형 그리기와 만들기	
	[2수03-05] 삼각형, 사각형에서 각각의 공통점을 찾아 말할 수 있다.		• 도형의 개념, 구성 요소, 성질 탐구하고 설명하기	
	[2수03-06] 구체물의 길이, 들이, 무게, 넓이를 비교하여 각각 '길다, 짧다', '많다, 적다', '무겁다, 가볍다', '넓다, 좁다' 등을 구별하여 말할 수 있다.	• 양의 비교	• 여러 가지 양을 비교, 측정, 어림하는 방법 탐구하기 • 측정을 실생활 및 타 교과와 연결하여 문제해결하기	• 도형과 측정 관련 문제해결에서 비판적으로 사고하는 태도
	[2수03-07] 시계를 보고 시각을 '몇 시 몇 분'까지 읽을 수 있다.	• 시각과 시간 (시, 분)	• 측정 단위를 사용하여 양을 표현하기 • 측정을 실생활 및 타 교과와 연결하여 문제해결하기	
	[2수03-08] 1시간과 1분의 관계를 이해하고, 시간을 '시간', '분'으로 표현할 수 있다.			
	[2수03-09] 실생활 문제 상황과 연결하여 1분, 1시간, 1일, 1주일, 1개월, 1년 사이의 관계를 이해한다.		• 측정 단위 사이의 관계 탐구하기 • 측정을 실생활 및 타 교과와 연결하여 문제해결하기	

	[2수03-10] 길이 단위 1cm와 1m를 알고, 이를 이용하여 주변 사물의 길이를 측정할 수 있다.	• 길이(cm, m)	• 여러 가지 양을 비교, 측정, 어림하는 방법 탐구하기 • 측정 단위를 사용하여 양을 표현하기	• 표준 단위의 필요성 인식
	[2수03-11] 1m와 1cm의 관계를 이해하고, 길이를 '몇 m 몇 cm'와 '몇 cm'로 표현할 수 있다.		• 측정 단위를 사용하여 양을 표현하기	
	[2수03-12] 여러 가지 물건의 길이를 어림하고, 길이에 대한 양감을 기른다.		• 여러 가지 양을 비교, 측정, 어림하는 방법 탐구하기	• 도형과 측정 관련 문제해결에서 비판적으로 사고하는 태도
	[2수03-13] 실생활 문제 상황과 연결하여 길이의 덧셈과 뺄셈을 할 수 있다.		• 실생활 문제 상황에서 길이, 들이, 무게, 시간의 덧셈과 뺄셈하기 • 측정을 실생활 및 타 교과와 연결하여 문제해결하기	
초 3-4	[4수03-01] 직선, 선분, 반직선을 이해하고 구별할 수 있다.	• 도형의 기초	• 도형의 개념, 구성 요소, 성질 탐구하고 설명하기	
	[4수03-02] 각과 직각을 이해하고, 직각과 비교하는 활동을 통하여 예각과 둔각을 구별할 수 있다.			
	[4수03-03] 직선의 수직 관계와 평행 관계를 이해한다.			
	[4수03-04] 구체물이나 평면도형의 밀기, 뒤집기, 돌리기 활동을 통하여 그 변화를 이해한다.	• 평면도형의 이동	• 평면도형을 밀기, 뒤집기, 돌리기 한 모양을 추측하고 그리기	• 도형과 측정 관련 문제해결에서 비판적으로 사고하는 태도
	[4수03-05] 평면에서 점의 이동에 대해 위치와 방향을 이용하여 설명할 수 있다.			
	[4수03-06] 원의 중심, 반지름, 지름을 이해하고, 그 성질을 안다.	• 원의 구성 요소	• 도형의 개념, 구성 요소, 성질 탐구하고 설명하기	
	[4수03-07] 컴퍼스를 이용하여 여러 가지 크기의 원을 그릴 수 있다.		• 평면도형이나 입체도형 그리기와 만들기	
	[4수03-08] 여러 가지 모양의 삼각	• 여러 가지 삼각형	• 여러 가지 사물과 도형을	

	형에 대한 분류 활동을 통하여 이등변삼각형, 정삼각형을 이해하고, 그 성질을 탐구하고 설명할 수 있다.		기준에 따라 분류하기 • 도형의 개념, 구성 요소, 성질 탐구하고 설명하기	
	[4수03-09] 여러 가지 모양의 삼각형에 대한 분류 활동을 통하여 직각삼각형, 예각삼각형, 둔각삼각형을 이해한다.			
	[4수03-10] 여러 가지 모양의 사각형에 대한 분류 활동을 통하여 직사각형, 정사각형, 사다리꼴, 평행사변형, 마름모를 이해하고, 그 성질을 탐구하고 설명할 수 있다.	• 여러 가지 사각형		
	[4수03-11] 다각형과 정다각형을 이해한다.	• 다각형		
	[4수03-12] 주어진 도형을 이용하여 여러 가지 모양을 만들거나 채우고 설명할 수 있다.		• 평면도형이나 입체도형 그리기와 만들기	
	[4수03-13] 1분과 1초의 관계를 이해하고, 초 단위까지 시각을 읽을 수 있다.	• 시각과 시간(초)	• 측정 단위를 사용하여 양을 표현하기	
	[4수03-14] 실생활 문제 상황과 연결하여 초 단위까지의 시간의 덧셈과 뺄셈을 할 수 있다.		• 실생활 문제 상황에서 길이, 들이, 무게, 시간의 덧셈과 뺄셈하기 • 측정을 실생활 및 타 교과와 연결하여 문제해결하기	
	[4수03-15] 길이 단위 1mm와 1km를 알고, 이를 이용하여 길이를 측정하고 어림하며 수학의 유용성을 인식할 수 있다.	• 길이(mm, km)	• 여러 가지 양을 비교, 측정, 어림하는 방법 탐구하기 • 측정 단위를 사용하여 양을 표현하기	• 표준 단위의 필요성 인식
	[4수03-16] 1cm와 1mm, 1km와 1m의 관계를 이해하고, 길이를 '몇 cm 몇 mm'와 '몇 mm', '몇 km 몇 m'와 '몇 m'로 다양하게 표현할 수 있다.		• 측정 단위를 사용하여 양을 표현하기 • 측정 단위 사이의 관계 탐구하기	
	[4수03-17] 들이 단위 1L와 1mL를 알고, 이를 이용하여 들이를 측정하고 어림하며 수학의 유용성을 인식할 수 있다.	• 들이(L, mL)	• 여러 가지 양을 비교, 측정, 어림하는 방법 탐구하기 • 측정 단위를 사용하여 양을 표현하기	• 표준 단위의 필요성 인식

			• 측정 단위 사이의 관계 탐구하기	
	[4수03-18] 1L와 1mL의 관계를 이해하고, 들이를 '몇 L 몇 mL'와 '몇 mL'로 표현할 수 있다.		• 측정 단위를 사용하여 양을 표현하기	
	[4수03-19] 실생활 문제 상황과 연결하여 들이의 덧셈과 뺄셈을 할 수 있다.		• 실생활 문제 상황에서 길이, 들이, 무게, 시간의 덧셈과 뺄셈하기 • 측정을 실생활 및 타 교과와 연결하여 문제해결하기	
	[4수03-20] 실생활에서 무게를 나타낼 때 사용하는 단위 1g과 1kg을 알고, 이를 이용하여 무게를 측정하고 어림하며 수학의 유용성을 인식할 수 있다.	• 무게(kg, g, t)	• 여러 가지 양을 비교, 측정, 어림하는 방법 탐구하기 • 측정 단위를 사용하여 양을 표현하기 • 측정을 실생활 및 타 교과와 연결하여 문제해결하기	• 표준 단위의 필요성 인식
	[4수03-21] 1kg과 1g의 관계를 이해하고, 무게를 '몇 kg 몇 g'과 '몇 g'으로 표현할 수 있다.		• 측정 단위 사이의 관계 탐구하기 • 측정 단위를 사용하여 양을 표현하기	
	[4수03-22] 실생활에서 무게를 나타낼 때 사용하는 단위 1t을 알고, 1t과 1kg의 관계를 이해한다.		• 측정을 실생활 및 타 교과와 연결하여 문제해결하기 • 측정 단위를 사용하여 양을 표현하기 • 측정 단위 사이의 관계 탐구하기	
	[4수03-23] 실생활 문제 상황과 연결하여 무게의 덧셈과 뺄셈을 할 수 있다.		• 실생활 문제 상황에서 길이, 들이, 무게, 시간의 덧셈과 뺄셈하기 • 측정을 실생활 및 타 교과와 연결하여 문제해결하기	
	[4수03-24] 각의 크기의 단위인 1도(°)를 알고, 각도기를 이용하여 각의 크기를 측정하고 어림할 수 있다.	• 각도(°)	• 여러 가지 양을 비교, 측정, 어림하는 방법 탐구하기	
	[4수03-25] 여러 가지 방법으로 삼각형과 사각형의 내각의 크기의 합을 추론하고, 자신의 추론 과정을 설명할			• 도형과 측정 관련 문제해결에서 비판적으로 사고하는

	수 있다.			태도
초 5-6	[6수03-01] 도형의 합동을 이해하고, 합동인 도형의 성질을 탐구하고 설명할 수 있다.	• 합동과 대칭	• 도형의 개념, 구성 요소, 성질 탐구하고 설명하기	• 합동인 도형, 선대칭도형, 점대칭도형의 아름다움 인식
	[6수03-02] 실생활과 연결하여 선대칭도형과 점대칭도형을 이해하고 그릴 수 있다.		• 평면도형이나 입체도형 그리기와 만들기	
	[6수03-03] 직육면체와 정육면체를 이해하고, 구성 요소와 성질을 탐구하고 설명할 수 있다.	• 직육면체와 정육면체	• 도형의 개념, 구성 요소, 성질 탐구하고 설명하기	
	[6수03-04] 직육면체와 정육면체의 겨냥도와 전개도를 그릴 수 있다.		• 평면도형이나 입체도형 그리기와 만들기	
	[6수03-05] 각기둥과 각뿔을 이해하고, 구성 요소와 성질을 탐구하고 설명할 수 있다.	• 각기둥과 각뿔	• 도형의 개념, 구성 요소, 성질 탐구하고 설명하기	
	[6수03-06] 각기둥의 전개도를 그릴 수 있다.		• 평면도형이나 입체도형 그리기와 만들기	
	[6수03-07] 원기둥, 원뿔, 구를 이해하고, 구성 요소와 성질을 탐구하고 설명할 수 있다.	• 원기둥, 원뿔, 구	• 도형의 개념, 구성 요소, 성질 탐구하고 설명하기	
	[6수03-08] 원기둥의 전개도를 그릴 수 있다.		• 평면도형이나 입체도형 그리기와 만들기	
	[6수03-09] 쌓기나무로 만든 입체도형을 보고 사용된 쌓기나무의 개수를 구할 수 있다.	• 입체도형의 공간 감각	• 쌓은 모양 추측하고 쌓기나무의 개수 구하기	
	[6수03-10] 쌓기나무로 만든 입체도형의 위, 앞, 옆에서 본 모양을 표현할 수 있고, 이러한 표현을 보고 입체도형의 모양을 추측할 수 있다.			• 도형과 측정 관련하여 문제해결에서 비판적으로 사고하는 태도
	[6수03-11] 평면도형의 둘레를 이해하고, 기본적인 평면도형의 둘레를 구할 수 있다.	• 다각형의 둘레와 넓이	• 도형의 둘레, 넓이, 부피 구하는 방법 탐구하기	

	[6수03-12] 넓이 단위 1cm^2, 1m^2, 1km^2를 알며, 그 관계를 이해한다.		• 도형의 둘레, 넓이, 부피 구하는 방법 탐구하기 • 표준 단위의 필요성 인식 • 측정 단위 사이의 관계 탐구하기	• 넓이와 부피를 구하는 방법의 편리함 인식
	[6수03-13] 직사각형과 정사각형의 넓이를 구하는 방법을 이해하고, 이를 구할 수 있다.		• 도형의 둘레, 넓이, 부피 구하는 방법 탐구하기	• 도형과 측정 관련 문제해결에서 비판적으로 사고하는 태도
	[6수03-14] 평행사변형, 삼각형, 사다리꼴, 마름모의 넓이를 구하는 방법을 다양하게 추론하고, 이와 관련된 문제를 해결할 수 있다.			
	[6수03-15] 여러 가지 원 모양 물체의 원주와 지름을 측정하는 활동을 통하여, 원주율이 일정한 값임을 알고 그 근삿값을 사용할 수 있다.	• 원주율과 원의 넓이	• 여러 가지 양을 비교, 측정, 어림하는 방법 탐구하기	
	[6수03-16] 원주와 원의 넓이를 구하는 방법을 이해하고, 이를 구할 수 있다.		• 도형의 둘레, 넓이, 부피 구하는 방법 탐구하기	• 넓이와 부피를 구하는 방법의 편리함 인식
	[6수03-17] 직육면체와 정육면체의 겉넓이를 구하는 방법을 이해하고, 이를 구할 수 있다.	• 직육면체와 정육면체의 겉넓이와 부피		
	[6수03-18] 부피 단위 1cm^3, 1m^3를 알며, 그 관계를 이해한다.		• 측정 단위 사이의 관계 탐구하기	• 표준 단위의 필요성 인식
	[6수03-19] 직육면체와 정육면체의 부피를 구하는 방법을 이해하고, 이를 구할 수 있다.		• 도형의 둘레, 넓이, 부피 구하는 방법 탐구하기	• 넓이와 부피를 구하는 방법의 편리함 인식

기본 교육과정-도형					
핵심 아이디어	1-2	3-4	5-6	중1-3	고1-3
• 주변 사물을 관찰하여 여러 가지 **모양**을 **찾고, 조작**하는 것은 **도형**의 특성과 성질을 이해하는 기초가 된다. • 입체 또는 평면 모양과 도형을 **만들고 꾸미는** 활동을 통해 도형을 **생활** 속에서 유용하게 **활용**한다. • **공간**에 대한 **직접적 경험**은 물리적 공간을 이해하고 활용하는 기초가 된다.	[2수학02-01] 생활 주변에서 볼 수 있는 사물의 모양을 관찰한다.	[4수학02-01] 교실 및 생활 주변에서 볼 수 있는 사물에서 여러 가지 입체 모양을 찾는다.	[6수학02-01] 교실 및 생활 주변의 사물을 관찰하여 여러 가지 평면 모양을 찾는다.	[9수학02-01] 사각형, 삼각형, 원을 탐색한다.	[12수학02-01] 주어진 도형으로 무늬를 꾸미거나 모양을 채운다.
	[2수학02-02] 여러 가지 사물의 모양의 기초적인 특성을 구별한다.	[4수학02-02] 상자 모양, 공 모양, 둥근 기둥 모양 등의 여러 가지 입체 모양을 탐색한다.	[6수학02-02] 동그라미, 네모, 세모 등의 여러 가지 평면 모양을 탐색한다.	[9수학02-02] 직관적 비교를 통하여 사각형, 삼각형, 원을 분류한다.	[12수학02-02] 여러 가지 도형을 활용하여 만들거나 꾸미며 실생활에 활용한다.
	[2수학02-03] 직관적인 비교를 통하여 같은 모양과 다른 모양을 찾는다.	[4수학02-03] 직관적인 비교를 통하여 상자 모양, 공 모양, 둥근 기둥 모양을 분류한다.	[6수학02-03] 직관적 비교를 통하여 동그라미, 네모, 세모 모양을 분류한다.	[9수학02-03] 사각형, 삼각형, 원의 특성을 이해한다.	[12수학02-03] 크기와 모양이 같은 물건을 늘어놓거나 쌓아 공간을 정리한다.
	[2수학02-04] 주변의 물건을 자유롭게 옮긴다.	[4수학02-04] 여러 가지 입체 모양을 활용하여 모양을 만들거나 꾸민다.	[6수학02-04] 동그라미, 네모, 세모 등의 평면 모양을 다양한 방법으로 만들거나 그린다.	[9수학02-04] 다양한 방법으로 사각형, 삼각형, 원을 만들거나 그린다.	[12수학02-04] 크기와 모양이 다른 물건을 늘어놓거나 쌓아 공간을 정리한다.
	[2수학02-05] 나를 중심으로 앞, 뒤, 옆, 위, 아래를 구별한다.	[4수학02-05] 주변의 물건을 찾거나 옮기면서 위치의 변화를 경험한다.	[6수학02-05] 여러 가지 평면 모양을 활용하여 모양을 만들거나 꾸민다.	[9수학02-05] 여러 가지 도형을 활용하여 모양을 만들거나 꾸민다.	[12수학02-05] 공간을 활용하는 목적에 맞게 정리한다.
		[4수학02-06] 주변의 물건을 찾거나 옮기면서 방향의 변화를 경험한다.	[6수학02-06] 사물의 위치, 방향, 거리를 파악하여 표현한다.	[9수학02-06] 쌓기나무를 이용하여 자유롭게 늘어놓거나 쌓는다.	
			[6수학02-07] 위치, 방향, 거리에 맞게 물건을 옮긴다.	[9수학02-07] 입체 모양을 보고 똑같이 쌓기나무로 쌓는다.	
				[9수학02-08] 쌓기나무로 만든 입체 모양에 사용된 쌓기나무의 개수를 센다.	

기본 교육과정-측정					
핵심 아이디어	1-2	3-4	5-6	중1-3	고1-3
• 여러 가지 속성의 양을 **비교**하고, **단위를 사용하여 측정**하는 활동은 실생활 및 실습 활동에 활용된다. • 일상생활 속 시간의 **순서와 경과를 이해**하는 것은 계획적인 생활을 실천하는 토대가 된다.	[2수학03-01] 여러 가지 구체물의 크기, 길이, 무게를 감각적으로 경험한다.	[4수학03-01] 구체물 두세 개의 크기, 길이를 직접 비교하고 용어로 나타낸다.	[6수학03-01] 길이(cm)의 단위를 알고 측정 도구(자 등)를 사용하여 길이를 측정한다.	[9수학03-01] 길이(m)의 단위를 알고 측정 도구(줄자 등)를 사용하여 길이를 측정한다.	[12수학03-01] 길이의 단위를 활용하여 여러 가지 측정 활동에 참여한다.
	[2수학03-02] 구체물 두 개의 크기, 길이를 직관적으로 비교하고 용어로 나타낸다.	[4수학03-02] 구체물 두세 개의 무게를 직접 비교하고 용어로 나타낸다.	[6수학03-02] 들이(L)의 단위를 알고 측정 도구(비커 등)를 사용하여 들이를 측정한다.	[9수학03-02] 무게(kg)의 단위를 알고 측정 도구(저울 등)를 사용하여 무게를 측정한다.	[12수학03-02] 들이의 단위를 활용하여 여러 가지 측정 활동에 참여한다.
	[2수학03-03] 구체물 두 개의 무게를 직관적으로 비교하고 용어로 나타낸다.	[4수학03-03] 하루의 주요 활동을 보고 아침, 점심, 저녁으로 구분한다.	[6수학03-03] 다양한 형태의 시계를 경험하고 시각을 '몇 시', '몇 시 30분'으로 나타낸다.	[9수학03-03] 1시간은 60분임을 알고 시간을 '몇 분', '몇 시간'으로 나타낸다.	[12수학03-03] 무게의 단위를 활용하여 여러 가지 측정 활동에 참여한다.
	[2수학03-04] 생활 모습을 관찰하여 낮과 밤으로 나타낸다.	[4수학03-04] 하루의 주요 활동을 아침, 점심, 저녁의 시간 순서대로 나타낸다.	[6수학03-04] 1일, 1주일을 알고 날짜를 '며칠', '무슨 요일'로 나타낸다.	[9수학03-04] 다양한 형태의 달력을 경험하고 날짜를 '몇 월', '몇 월 며칠'로 나타낸다.	[12수학03-04] 생활 속 활동에 필요한 양을 어림한다.
	[2수학03-05] 시간의 변화에 따른 일상생활의 모습을 관찰하여 전과 후로 구분한다.				[12수학03-05] 여러 가지 생활 내용을 일일, 주간 계획표에 나타낸다.
					[12수학03-06] 여러 가지 생활 계획표를 보고 필요한 일정을 나타낸다.

공통 교육과정			
핵심 아이디어	1-2	3-4	5-6
• 평면도형과 입체도형은 여러 가지 모양을 범주화한 것이며, 각각의 평면도형과 입체도형은 **고유한 성질**을 갖는다. • 도형의 성질과 관계를 탐구하고 정당화하는 것은 논리적이고 비판적으로 사고하는 데 기반이 된다. • 측정은 여러 가지 속성의 양을 비교하고 속성에 따른 단위를 이용하여 양을 수치화함으로써 여러 가지 현상을 해석하거나 **실생활 문제를 해결하는 데 활용**된다.	[2수03-01] 교실 및 생활 주변에서 여러 가지 물건을 관찰하여 직육면체, 원기둥, 구의 모양을 찾고, 이를 이용하여 여러 가지 모양을 만들 수 있다.	[4수03-01] 직선, 선분, 반직선을 이해하고 구별할 수 있다.	[6수03-01] 도형의 합동을 이해하고, 합동인 도형의 성질을 탐구하고 설명할 수 있다.
	[2수학02-01] [2수학02-02] [2수학02-03] **[4수학02-01]** **[4수학02-02]** **[4수학02-03]** [4수학02-04]		[12수학02-03]
	[2수03-02] 쌓기나무를 이용하여 여러 가지 입체도형의 모양을 만들고, 그 모양에 대해 위치나 방향을 이용하여 말할 수 있다.	[4수03-02] 각과 직각을 이해하고, 직각과 비교하는 활동을 통하여 예각과 둔각을 구별할 수 있다.	[6수03-02] 실생활과 연결하여 선대칭도형과 점대칭도형을 이해하고 그릴 수 있다.
	[2수학02-05] **[4수학02-05]** **[4수학02-06]** **[6수학02-06]** **[6수학02-07]** [9수학02-06] [9수학02-07] [9수학02-08] [12수학02-03] [12수학02-04] [12수학02-05]		
	[2수03-03] 교실 및 생활 주변에서 여러 가지 물건을 관찰하여 삼각형, 사각형, 원의 모양을 찾고, 이를 이용하여 여러 가지 모양을 만들 수 있다.	[4수03-03] 직선의 수직 관계와 평행 관계를 이해한다.	[6수03-03] 직육면체와 정육면체를 이해하고, 구성 요소와 성질을 탐구하고 설명할 수 있다.
	[6수학02-01] [6수학02-02] [6수학02-03] [6수학02-04] [6수학02-05] **[9수학02-01]** **[9수학02-02]** **[9수학02-05]** **[12수학02-01]** **[12수학02-03]**		[4수학02-01] [9수학02-07]
	[2수03-04] 삼각형, 사각형, 원을 직관적으로 이해하고, 그 모양을 그릴 수 있다.	[4수03-04] 구체물이나 평면도형의 밀기, 뒤집기, 돌리기 활동을 통하여 그 변화를 이해한다.	[6수03-04] 직육면체와 정육면체의 겨냥도와 전개도를 그릴 수 있다.
	[6수학02-04] [6수학02-05] **[9수학02-02]** **[9수학02-04]** **[9수학02-05]**	[12수학02-01] [12수학02-02]	[4수학02-04] [9수학02-07]
	[2수03-05] 삼각형, 사각형에서 각각의 공통점을 찾아 말할 수 있다.	[4수03-05] 평면에서 점의 이동에 대해 위치와 방향을 이용하여 설명할 수 있다.	[6수03-05] 각기둥과 각뿔을 이해하고, 구성 요소와 성질을 탐구하고 설명할 수 있다.
	[9수학02-01] **[9수학02-03]**	[2수학02-05]	[4수학02-03]
	[2수03-06] 구체물의 길이, 들이, 무게, 넓이를 비교하여 각각 '길다, 짧다', '많다, 적다', '무겁다, 가볍다', '넓다, 좁다' 등을 구별하여 말할 수 있다.	[4수03-06] 원의 중심, 반지름, 지름을 이해하고, 그 성질을 안다.	[6수03-06] 각기둥의 전개도를 그릴 수 있다.
	[2수학03-01] **[2수학03-02]** **[2수학03-03]** **[4수학03-01]** **[4수학03-02]** [12수학03-01] [12수학03-02] [12수학03-03]	[6수학02-04] [9수학02-04]	
	[2수03-07] 시계를 보고 시각을 '몇 시 몇 분'까지 읽을 수 있다.	[4수03-07] 컴퍼스를 이용하여 여러 가지 크기의 원을 그릴 수 있다.	[6수03-07] 원기둥, 원뿔, 구를 이해하고, 구성 요소와 성질을 탐구하고 설명할 수 있다.

	[2수학03-04] [2수학03-05] [4수학03-03] [4수학03-04] [6수학03-03]	[9수학02-04]	[4수학02-03]
	[2수03-08] 1시간과 1분의 관계를 이해하고, 시간을 '시간', '분'으로 표현할 수 있다.	[4수03-08] 여러 가지 모양의 삼각형에 대한 분류 활동을 통하여 이등변삼각형, 정삼각형을 이해하고, 그 성질을 탐구하고 설명할 수 있다.	[6수03-08] 원기둥의 전개도를 그릴 수 있다.
	[6수학03-03] [9수학03-03]	[9수학02-03]	[6수학02-04] [9수학02-04]
	[2수03-09] 실생활 문제 상황과 연결하여 1분, 1시간, 1일, 1주일, 1개월, 1년 사이의 관계를 이해한다.	[4수03-09] 여러 가지 모양의 삼각형에 대한 분류 활동을 통하여 직각삼각형, 예각삼각형, 둔각삼각형을 이해한다.	[6수03-09] 쌓기나무로 만든 입체도형을 보고 사용된 쌓기나무의 개수를 구할 수 있다.
	[6수학03-04] [9수학03-04] [12수학03-05] [12수학03-06]	[9수학02-03]	[9수학02-08]
	[2수03-10] 길이 단위 1cm와 1m를 알고, 이를 이용하여 주변 사물의 길이를 측정할 수 있다.	[4수03-10] 여러 가지 모양의 사각형에 대한 분류 활동을 통하여 직사각형, 정사각형, 사다리꼴, 평행사변형, 마름모를 이해하고, 그 성질을 탐구하고 설명할 수 있다.	[6수03-10] 쌓기나무로 만든 입체도형의 위, 앞, 옆에서 본 모양을 표현할 수 있고, 이러한 표현을 보고 입체도형의 모양을 추측할 수 있다.
	[6수학03-01] [9수학03-01]	[9수학02-03]	[9수학02-07]
	[2수03-11] 1m와 1cm의 관계를 이해하고, 길이를 '몇 m 몇 cm'와 '몇 cm'로 표현할 수 있다.	[4수03-11] 다각형과 정다각형을 이해한다.	[6수03-11] 평면도형의 둘레를 이해하고, 기본적인 평면도형의 둘레를 구할 수 있다.
	[12수학03-01]	[12수학02-01] [12수학02-02]	
	[2수03-12] 여러 가지 물건의 길이를 어림하고, 길이에 대한 양감을 기른다.	[4수03-12] 주어진 도형을 이용하여 여러 가지 모양을 만들거나 채우고 설명할 수 있다.	[6수03-12] 넓이 단위 1cm², 1m², 1km²를 알며, 그 관계를 이해한다.
		[9수학03-03]	
	[2수03-13] 실생활 문제 상황과 연결하여 길이의 덧셈과 뺄셈을 할 수 있다.	[4수03-13] 1분과 1초의 관계를 이해하고, 초 단위까지 시각을 읽을 수 있다.	[6수03-13] 직사각형과 정사각형의 넓이를 구하는 방법을 이해하고, 이를 구할 수 있다.
		[4수03-14] 실생활 문제 상황과 연결하여 초 단위까지의 시간의 덧셈과 뺄셈을 할 수 있다.	[6수03-14] 평행사변형, 삼각형, 사다리꼴, 마름모의 넓이를 구하는 방법을 다양하게 추론하고, 이와 관련된 문제를 해결할 수 있다.
		[4수03-15] 길이 단위 1mm와 1km를 알고, 이를 이용하여 길이를 측정하고 어림하며 수학의 유용성을 인식할 수 있다.	[6수03-15] 여러 가지 원 모양 물체의 원주와 지름을 측정하는 활동을 통하여, 원주율이 일정한 값임을 알고 그 근삿값을 사용할 수 있다.
		[12수학03-01]	
		[4수03-16] 1cm와 1mm, 1km와 1m의 관계를 이해하고, 길이를 '몇 cm 몇 mm'와 '몇 mm', '몇 km 몇 m'와 '몇 m'로 다양하게 표현할	[6수03-16] 원주와 원의 넓이를 구하는 방법을 이해하고, 이를 구할 수 있다.

		수 있다.	
		[12수학03-01]	
		[4수03-17] 들이 단위 1L와 1mL를 알고, 이를 이용하여 들이를 측정하고 어림하며 수학의 유용성을 인식할 수 있다.	[6수03-17] 직육면체와 정육면체의 겉넓이를 구하는 방법을 이해하고, 이를 구할 수 있다.
		[6수학03-02] [12수학03-04]	
		[4수03-18] 1L와 1mL의 관계를 이해하고, 들이를 '몇 L 몇 mL'와 '몇 mL'로 표현할 수 있다.	[6수03-18] 부피 단위 $1cm^3$, $1m^3$를 알며, 그 관계를 이해한다.
		[12수학03-02]	
		[4수03-19] 실생활 문제 상황과 연결하여 들이의 덧셈과 뺄셈을 할 수 있다.	[6수03-19] 직육면체와 정육면체의 부피를 구하는 방법을 이해하고, 이를 구할 수 있다.
		[4수03-20] 실생활에서 무게를 나타낼 때 사용하는 단위 1g과 1kg을 알고, 이를 이용하여 무게를 측정하고 어림하며 수학의 유용성을 인식할 수 있다.	
		[9수학03-02] [12수학03-04]	
		[4수03-21] 1kg과 1g의 관계를 이해하고, 무게를 '몇 kg 몇 g'과 '몇 g'으로 표현할 수 있다.	
		[12수학03-03]	
		[4수03-22] 실생활에서 무게를 나타낼 때 사용하는 단위 1t을 알고, 1t과 1kg의 관계를 이해한다.	
		[4수03-23] 실생활 문제 상황과 연결하여 무게의 덧셈과 뺄셈을 할 수 있다.	
		[4수03-24] 각의 크기의 단위인 1도(°)를 알고, 각도기를 이용하여 각의 크기를 측정하고 어림할 수 있다.	
		[4수03-25] 여러 가지 방법으로 삼각형과 사각형의 내각의 크기의 합을 추론하고, 자신의 추론 과정을 설명할 수 있다.	

수학-변화와 관계(규칙성)

규칙성				
기본 교육과정				
핵심 아이디어	• 생활 주변의 여러 규칙적인 현상을 경험하고 탐구하는 활동은 변화하는 현상과 대상 간의 관계를 이해하는 기초가 된다.			
학년군	성취기준	지식·이해(알다)	과정·기능(하다)	가치·태도(되다)
초 1-2	[2수학04-01] 시각적, 청각적, 운동적 표현을 통해 생활 주변에서 반복되는 규칙을 경험한다.	• 규칙 따라 하기	• 규칙 경험하고 모방하기	• 규칙적 배열에 대한 흥미와 호기심
	[2수학04-02] 소리와 리듬, 동작 등을 통해 반복되는 규칙을 따라 한다.			
초 3-4	[4수학04-01] 반복되는 두 가지 물체 배열을 보고 똑같이 배열한다.	• 물체 배열의 규칙	• 규칙에 맞게 배열하기	
	[4수학04-02] 반복되는 두 가지 물체 배열을 보고, 다음에 올 것을 추측하여 배열한다.		• 다음에 올 것 추측하고 확인하기	• 규칙 찾기 활동에서의 성공 경험
	[4수학04-03] 생활 주변의 두 가지 물체 배열에서 규칙을 찾는다.		• 물체와 무늬 배열에서 규칙 찾기	
초 5-6	[6수학04-01] 생활 주변의 두세 가지 물체의 배열에서 규칙을 찾는다.	• 물체, 무늬 배열의 규칙	• 물체의 배열에서 규칙 찾기 • 규칙을 실생활과 놀이와 연결하기	• 규칙 찾기 활동에서의 성공 경험
	[6수학04-02] 정해진 규칙에 따라 두세 가지 물체를 배열한다.		• 규칙에 맞게 배열하기	
	[6수학04-03] 생활 주변의 두세 가지 무늬의 배열에서 규칙을 찾는다.		• 무늬 배열에서 규칙 찾기 • 규칙을 실생활과 놀이와 연결하기	
	[6수학04-04] 여러 가지 모양과 색 등을 활용하여 규칙적인 무늬를 꾸민다.		• 도구를 활용하여 규칙 나타내기	• 규칙적 무늬의 아름다움

<table>
<tr><td rowspan="3">중 1-3</td><td>[09수학04-01] 대응 관계의 의미를 알고 생활 주변에서 대응 관계가 있는 것을 찾는다.</td><td rowspan="3">• 대응하는 규칙</td><td rowspan="2">• 규칙에 따른 변화 찾기</td><td rowspan="2"></td></tr>
<tr><td>[09수학04-02] 두 양 사이의 대응 관계를 대응표에 나타내고, 규칙을 찾는다.</td></tr>
<tr><td>[09수학04-03] 한 양이 변할 때 다른 양이 그에 종속하여 변화하는 대응 관계를 추측하고 확인한다.</td><td>• 한 양에 대응하는 다른 양 추측하기</td><td></td></tr>
<tr><td rowspan="3">고 1-3</td><td>[12수학04-01] 생활 주변의 물체, 무늬, 수 등의 배열에서 규칙을 찾고, 찾은 규칙을 표현한다.</td><td rowspan="3">• 규칙의 활용</td><td>• 물체, 무늬, 수 배열 등에서 규칙 찾기</td><td rowspan="3">• 규칙 활용의 유용성
• 규칙 정하는 활동에의 흥미와 관심
• 다른 학생의 규칙에 대한 생각을 존중하는 태도</td></tr>
<tr><td>[12수학04-02] 규칙적인 물체, 무늬, 수 등을 활용하여 생활 속 문제를 해결한다.</td><td>• 규칙을 정해 배열하기
• 규칙을 여가 및 직업생활에 적용하기</td></tr>
<tr><td>[12수학04-03] 대응하는 규칙을 활용하여 생활 속 문제를 해결한다.</td><td>• 도구를 활용하여 규칙 문제 해결하기
• 규칙을 여가 및 직업생활에 적용하기</td></tr>
</table>

변화와 관계				
공통 교육과정				
핵심 아이디어	• 변화하는 현상에 반복적인 요소로 들어있는 규칙은 수나 식으로 표현될 수 있으며, 규칙을 탐구하는 것은 수학적으로 추측하고 일반화하는 데 기반이 된다. • 동치 관계, 대응 관계, 비례 관계 등은 여러 현상에 들어있는 대상들 사이의 다양한 관계를 기술하고 복잡한 문제를 해결하는 데 유용하게 활용된다. • 수와 그 계산은 문자와 식을 사용하여 일반화되며, 특정한 관계를 만족시키는 미지의 값은 방정식과 부등식을 해결하는 적절한 절차를 거쳐 구해진다. • 한 양이 변함에 따라 다른 양이 하나씩 정해지는 두 양 사이의 대응 관계를 나타내는 함수와 그 그래프는 변화하는 현상 속의 다양한 관계를 수학적으로 표현한다.			
학년군	성취기준	지식 · 이해 (알다)	과정 · 기능 (하다)	가치 · 태도 (되다)
초 1-2	[2수02-01] 물체, 무늬, 수 등의 배열에서 규칙을 찾아 여러 가지 방법으로 표현할 수 있다.	• 규칙	• 물체, 무늬, 수, 계산식의 배열에서 규칙을 탐구하기	• 규칙, 동치 관계 탐구에 대한 흥미
	[2수02-02] 자신이 정한 규칙에 따라 물체, 무늬, 수 등을 배열할 수 있다.			
초 3-4	[4수02-01] 다양한 변화 규칙을 찾아 설명하고, 그 규칙을 수나 식으로 나타낼 수 있다.	• 규칙	• 규칙을 찾아 여러 가지 방법으로 표현하기	
	[4수02-02] 계산식의 배열에서 규칙을 찾고, 계산 결과를 추측할 수 있다.			• 변화와 관계 관련 문제해결에서 비판적으로 사고하는 태도
	[4수02-03] 등호를 사용하여 크기가 같은 두 양의 관계를 식으로 나타낼 수 있다.	• 동치 관계	• 두 양의 관계를 탐구하고, 등호를 사용하여 나타내기	
초 5-6	[6수02-01] 한 양이 변할 때 다른 양이 그에 종속하여 변하는 대응 관계를 나타낸 표에서 규칙을 찾아 설명하고, □, △ 등을 사용하여 식으로 나타낼 수 있다.	• 대응 관계	• 대응 관계를 탐구하고, □, △ 등을 사용하여 식으로 나타내고 설명하기	· 대응 관계, 비 표현의 편리함 인식
	[6수02-02] 두 양의 크기를 비교하는 상황을 통해 비의 개념을 이해하고, 두 양의 관계를 비로 나타낼 수 있다.	• 비와 비율	• 두 양의 관계를 비나 비율로 나타내기	• 비와 비율의 유용성 인식
	[6수02-03] 비율을 이해하고, 비율을 분수, 소수, 백분율로 나타낼 수 있다.		• 비율을 분수, 소수, 백분율로 나타내기 • 비율을 실생활 및 타 교과와 연결하여 문제해결하기	

	[6수02-04] 비례식을 알고, 그 성질을 이해하며, 이를 활용하여 간단한 비례식을 풀 수 있다. [6수02-05] 비례배분을 알고, 주어진 양을 비례배분할 수 있다.	• 비례식과 비례배분	• 비례식을 풀고, 주어진 양을 비례배분하기	• 변화와 관계 관련 문제해결에서 비판적으로 사고하는 태도

기본 교육과정					
핵심 아이디어	1-2	3-4	5-6	중1-3	고1-3
• 생활 주변의 여러 규칙적인 현상을 경험하고 탐구하는 활동은 변화하는 현상과 대상 간의 관계를 이해하는 기초가 된다.	[2수학04-01] 시각적, 청각적, 운동적 표현을 통해 생활 주변에서 반복되는 규칙을 경험한다.	[4수학04-01] 반복되는 두 가지 물체 배열을 보고 똑같이 배열한다.	[6수학04-01] 생활 주변의 두세 가지 물체의 배열에서 규칙을 찾는다.	[09수학04-01] 대응 관계의 의미를 알고 생활 주변에서 대응 관계가 있는 것을 찾는다.	[12수학04-01] 생활 주변의 물체, 무늬, 수 등의 배열에서 규칙을 찾고, 찾은 규칙을 표현한다.
	[2수학04-02] 소리와 리듬, 동작 등을 통해 반복되는 규칙을 따라 한다.	[4수학04-02] 반복되는 두 가지 물체 배열을 보고, 다음에 올 것을 추측하여 배열한다.	[6수학04-02] 정해진 규칙에 따라 두세 가지 물체를 배열한다.	[09수학04-02] 두 양 사이의 대응 관계를 대응표에 나타내고, 규칙을 찾는다.	[12수학04-02] 규칙적인 물체, 무늬, 수 등을 활용하여 생활 속 문제를 해결한다.
		[4수학04-03] 생활 주변의 두 가지 물체 배열에서 규칙을 찾는다.	[6수학04-03] 생활 주변의 두세 가지 무늬의 배열에서 규칙을 찾는다.	[09수학04-03] 한 양이 변할 때 다른 양이 그에 종속하여 변화하는 대응 관계를 추측하고 확인한다.	[12수학04-03] 대응하는 규칙을 활용하여 생활 속 문제를 해결한다.
			[6수학04-04] 여러 가지 모양과 색 등을 활용하여 규칙적인 무늬를 꾸민다.		

<table>
<tr><th colspan="4">공통 교육과정</th></tr>
<tr><th>핵심 아이디어</th><th>1-2</th><th>3-4</th><th>5-6</th></tr>
<tr><td rowspan="10">• 변화하는 현상에 반복적인 요소로 들어있는 규칙은 수나 식으로 표현될 수 있으며, 규칙을 탐구하는 것은 수학적으로 추측하고 일반화하는 데 기반이 된다.

• 동치 관계, 대응 관계, 비례 관계 등은 여러 현상에 들어있는 대상들 사이의 다양한 관계를 기술하고 복잡한 문제를 해결하는 데 유용하게 활용된다.

• 수와 그 계산은 문자와 식을 사용하여 일반화되며, 특정한 관계를 만족시키는 미지의 값은 방정식과 부등식을 해결하는 적절한 절차를 거쳐 구해진다.

• 한 양이 변함에 따라 다른 양이 하나씩 정해지는 두 양 사이의 대응 관계를 나타내는 함수와 그 그래프는 변화하는 현상 속의 다양한 관계를 수학적으로 표현한다.</td><td>[2수02-01] 물체, 무늬, 수 등의 배열에서 규칙을 찾아 여러 가지 방법으로 표현할 수 있다.</td><td>[4수02-01] 다양한 변화 규칙을 찾아 설명하고, 그 규칙을 수나 식으로 나타낼 수 있다.</td><td>[6수02-01] 한 양이 변할 때 다른 양이 그에 종속하여 변하는 대응 관계를 나타낸 표에서 규칙을 찾아 설명하고, □, △ 등을 사용하여 식으로 나타낼 수 있다.</td></tr>
<tr><td>[2수학04-01] [2수학04-02]
[4수학04-01] [4수학04-02]
[4수학04-03] [6수학04-01]
[6수학04-02] [6수학04-03]
[6수학04-04] [12수학04-01]</td><td>[9수학04-01] [9수학04-02]
[9수학04-03] [12수학04-03]</td><td>[9수학04-02] [9수학04-03]
[12수학04-03]</td></tr>
<tr><td>[2수02-02] 자신이 정한 규칙에 따라 물체, 무늬, 수 등을 배열할 수 있다.</td><td>[4수02-02] 계산식의 배열에서 규칙을 찾고, 계산 결과를 추측할 수 있다.</td><td>[6수02-02] 두 양의 크기를 비교하는 상황을 통해 비의 개념을 이해하고, 두 양의 관계를 비로 나타낼 수 있다.</td></tr>
<tr><td>[6수학04-01] [6수학04-02]
[6수학04-04] [12수학04-02]</td><td>[9수학04-03]</td><td></td></tr>
<tr><td rowspan="6"></td><td>[4수02-03] 등호를 사용하여 크기가 같은 두 양의 관계를 식으로 나타낼 수 있다.</td><td>[6수02-03] 비율을 이해하고, 비율을 분수, 소수, 백분율로 나타낼 수 있다.</td></tr>
<tr><td>[9수학04-01] [9수학04-02]
[9수학04-03]</td><td></td></tr>
<tr><td rowspan="4"></td><td>[6수02-04] 비례식을 알고, 그 성질을 이해하며, 이를 활용하여 간단한 비례식을 풀 수 있다.</td></tr>
<tr><td></td></tr>
<tr><td>[6수02-05] 비례배분을 알고, 주어진 양을 비례배분할 수 있다.</td></tr>
<tr><td></td></tr>
</table>

수학-자료와 가능성

기본 교육과정	
핵심 아이디어	• 자료를 일정한 기준에 따라 분류하는 활동은 자료의 특징을 파악하고 집단을 비교하는 데 활용된다. • 표와 그래프의 정보를 파악하는 것은 생활 속 문제를 합리적으로 해결하는 데 유용하다. • 가능성을 이해하는 것은 생활 속에서 미래를 예측하고 준비하는 데 도움이 된다.

학년군	성취기준	지식・이해(알다)	과정・기능(하다)	가치・태도(되다)
초 1-2	[2수학05-01] 여러 가지 분류 상황을 경험한다.	• 분류 경험하기		• 분류의 필요성
초 3-4	[4수학05-01] 두 개의 모음으로 분류된 자료를 보고 한 가지 기준을 찾는다.	• 두 개로 분류하기	• 자료의 특성과 분류 기준 파악하기	
	[4수학05-02] 자료를 한 가지 기준에 따라 두 개의 모음으로 분류한다.		• 기준에 따라 자료 분류하기 • 자료를 수집・정리하기 • 자료를 분류하고 비교하기	• 분류 활동에의 적극적 참여
초 5-6	[6수학05-01] 세 개 이상의 모음으로 분류된 자료를 보고 한 가지 기준을 찾는다.	• 세 개 이상으로 분류하기	• 자료의 특성과 분류 기준 파악하기	
	[6수학05-02] 자료를 한 가지 기준에 따라 세 개 이상의 모음으로 분류한다.		• 기준에 따라 자료 분류하기 • 자료를 수집・정리하기 • 자료를 분류하고 비교하기	• 분류 활동에의 적극적 참여
	[6수학05-03] 분류한 자료를 표로 나타낸다.	• 표 만들기	• 자료를 분류하고 비교하기 • 표 그리는 과정 따르기 • 자료를 표로 나타내기 • 표를 일상생활과 연결하기	• 표의 편리함과 유용성
중 1-3	[9수학05-01] 두 가지 기준에 따라 자료를 순차적으로 분류한다.	• 두 가지 기준으로 분류하기	• 자료의 분류 기준 파악하기 • 순차적으로 자료 분류하기	

	[9수학05-02] 자료를 간단한 그래프로 나타낸다.	• 간단한 그래프	• 자료, 표, 그래프 연결하기 • 그래프 그리는 과정 따르기 • 자료를 그래프로 정리하기	
	[9수학05-03] 간단한 그래프를 보고 필요한 내용을 찾는다.		• 그래프 정보를 활용하여 문제 해결하기	• 그래프의 편리함과 유용성
	[9수학05-04] 놀이로 가능성을 경험한다.	• 놀이 속의 가능성	• 가능성 추측하기	• 가능성 예측의 필요성
고 1-3	[12수학05-01] 여러 가지 기준에 따라 자료를 분류한다.	• 여러 가지 기준으로 분류하기	• 자료의 분류 기준 파악하기	
	[12수학05-02] 생활 속 분류된 자료를 보고 필요한 물건을 찾는다.		• 순차적으로 자료 분류하기	
	[12수학05-03] 여러 가지 그래프를 경험한다.	• 여러 가지 그래프	• 그래프 그리는 과정 따르기	• 그래프의 편리함과 유용성
	[12수학05-04] 생활 속 그래프를 보고 필요한 정보를 찾는다.		• 그래프 정보를 활용하여 문제 해결하기	• 실생활 자료 활용에의 자신감
	[12수학05-05] 생활 속에서 여러 가지 가능성을 경험한다.	• 생활 속의 가능성	• 가능성을 일상생활과 연결하기	• 가능성 예측의 필요성

<table>
<tr><th colspan="5">공통 교육과정</th></tr>
<tr><td>핵심 아이디어</td><td colspan="4">• 자료를 수집, 정리, 해석하는 통계는 자료의 특징을 파악하고 두 집단을 비교하며 자료의 관계를 탐구하는 데 활용된다.
• 사건이 일어날 가능성을 여러 가지 방법으로 표현하는 것은 불확실성을 이해하는 데 도움이 되며, 가능성을 확률로 수치화하면 불확실성을 수학적으로 다룰 수 있게 된다.
• 자료를 이용하여 통계적 문제해결 과정을 실천하고 생활 속의 가능성을 탐구하는 것은 미래를 예측하고 합리적인 의사 결정을 하는 데 기반이 된다.</td></tr>
<tr><th>학년군</th><th>성취기준</th><th>지식 · 이해
(알다)</th><th>과정 · 기능
(하다)</th><th>가치 · 태도
(되다)</th></tr>
<tr><td rowspan="3">초 1-2</td><td>[2수04-01] 여러 가지 사물을 정해진 기준 또는 자신이 정한 기준으로 분류하여 개수를 세어 보고, 기준에 따른 결과를 말할 수 있다.</td><td>• 자료의 분류</td><td rowspan="3">• 자료를 기준에 따라 분류하고 설명하기</td><td rowspan="3">• 표와 그래프의 편리함 인식</td></tr>
<tr><td>[2수04-02] 자료를 분류하여 표로 나타내고, 자료를 표로 나타내면 편리한 점을 말할 수 있다.</td><td>• 표</td></tr>
<tr><td>[2수04-03] 자료를 분류하여 ○, ×, / 등을 이용한 그래프로 나타내고, 자료를 그래프로 나타내면 편리한 점을 말할 수 있다.</td><td>• ○, ×, /를 이용한 그래프</td></tr>
<tr><td rowspan="3">초 3-4</td><td>[4수04-01] 자료를 수집하여 그림그래프나 막대그래프로 나타내고 해석할 수 있다.</td><td>• 그림그래프
• 막대그래프</td><td rowspan="3">• 탐구 문제를 설정하고 그에 맞는 자료를 수집하기
• 자료를 표나 그래프로 나타내고 해석하기
• 자료를 수집하고 정리하여 문제해결하기</td><td rowspan="2">• 표와 그래프의 편리함 인식</td></tr>
<tr><td>[4수04-02] 자료를 수집하여 꺾은선그래프로 나타내고 해석할 수 있다.</td><td>• 꺾은선 그래프</td></tr>
<tr><td>[4수04-03] 탐구 문제를 해결하기 위해 자료를 수집, 정리하여 막대그래프나 꺾은선그래프로 나타내고 해석할 수 있다.</td><td>• 그림그래프
• 막대그래프
• 꺾은선 그래프</td><td>• 자료를 이용한 통계적 문제해결 과정의 가치 인식
• 자료와 가능성 관련 문제해결에서 비판적으로 사고하는 태도</td></tr>
<tr><td rowspan="2">초 5-6</td><td>[6수04-01] 평균의 의미를 알고, 자료를 수집하여 평균을 구하고 해석할 수 있다.</td><td>• 평균</td><td></td><td>• 평균의 유용성 인식</td></tr>
<tr><td>[6수04-02] 자료를 수집하여 띠그래프나 원그래프로 나타내고 해석할 수 있다.</td><td>• 띠그래프, 원그래프</td><td>• 자료를 표나 그래프로 나타내고 해석하기</td><td></td></tr>
</table>

	[6수04-03] 탐구 문제를 설정하고, 그에 맞는 자료를 수집, 정리하여 적절한 그래프로 나타내고 해석할 수 있다.		• 자료를 수집하고 정리하여 문제해결하기	• 자료를 이용한 통계적 문제해결 과정의 가치 인식 • 자료와 가능성 관련 문제해결에서 비판적으로 사고하는 태도
	[6수04-04] 사건이 일어날 가능성을 말로 표현하고 비교할 수 있다.	• 가능성	• 사건이 일어날 가능성을 비교하고 표현하기	• 가능성에 근거하여 판단하는 태도
	[6수04-05] 사건이 일어날 가능성을 수로 나타낼 수 있다.			
	[6수04-06] 자료를 이용하여 가능성을 예상하고, 가능성에 근거하여 적절한 판단을 내릴 수 있다.		• 실생활과 연결하여 사건이 일어날 가능성을 예상하기	• 자료와 가능성 관련 문제해결에서 비판적으로 사고하는 태도

기본 교육과정					
핵심 아이디어	1-2	3-4	5-6	중1-3	고1-3
• 자료를 일정한 기준에 따라 분류하는 활동은 자료의 특징을 파악하고 집단을 비교하는 데 활용된다. • 표와 그래프의 정보를 파악하는 것은 생활 속 문제를 합리적으로 해결하는 데 유용하다. • 가능성을 이해하는 것은 생활 속에서 미래를 예측하고 준비하는 데 도움이 된다.	[2수학05-01] 여러 가지 분류 상황을 경험한다.	[4수학05-01] 두 개의 모음으로 분류된 자료를 보고 한 가지 기준을 찾는다.	[6수학05-01] 세 개 이상의 모음으로 분류된 자료를 보고 한 가지 기준을 찾는다.	[9수학05-01] 두 가지 기준에 따라 자료를 순차적으로 분류한다.	[12수학05-01] 여러 가지 기준에 따라 자료를 분류한다.
		[4수학05-02] 자료를 한 가지 기준에 따라 두 개의 모음으로 분류한다.	[6수학05-02] 자료를 한 가지 기준에 따라 세 개 이상의 모음으로 분류한다.	[9수학05-02] 자료를 간단한 그래프로 나타낸다.	[12수학05-02] 생활 속 분류된 자료를 보고 필요한 물건을 찾는다.
			[6수학05-03] 분류한 자료를 표로 나타낸다.	[9수학05-03] 간단한 그래프를 보고 필요한 내용을 찾는다.	[12수학05-03] 여러 가지 그래프를 경험한다.
				[9수학05-04] 놀이로 가능성을 경험한다.	[12수학05-04] 생활 속 그래프를 보고 필요한 정보를 찾는다.
					[12수학05-05] 생활 속에서 여러 가지 가능성을 경험한다.

<table>
<tr><th colspan="4">공통 교육과정</th></tr>
<tr><th>핵심 아이디어</th><th>1-2</th><th>3-4</th><th>5-6</th></tr>
<tr><td rowspan="12">• 자료를 수집, 정리, 해석하는 통계는 자료의 특징을 파악하고 두 집단을 비교하며 자료의 관계를 탐구하는 데 활용된다.

• 사건이 일어날 가능성을 여러 가지 방법으로 표현하는 것은 불확실성을 이해하는 데 도움이 되며, 가능성을 확률로 수치화하면 불확실성을 수학적으로 다룰 수 있게 된다.

• 자료를 이용하여 통계적 문제해결 과정을 실천하고 생활 속의 가능성을 탐구하는 것은 미래를 예측하고 합리적인 의사 결정을 하는 데 기반이 된다.</td><td>[2수04-01] 여러 가지 사물을 정해진 기준 또는 자신이 정한 기준으로 분류하여 개수를 세어 보고, 기준에 따른 결과를 말할 수 있다.</td><td>[4수04-01] 자료를 수집하여 그림그래프나 막대그래프로 나타내고 해석할 수 있다.</td><td>[6수04-01] 평균의 의미를 알고, 자료를 수집하여 평균을 구하고 해석할 수 있다.</td></tr>
<tr><td>[2수학05-01] [4수학05-01] [4수학05-02] [6수학05-01] [6수학05-02] [9수학05-01] [12수학05-01] [12수학05-02]</td><td>[9수학05-02] [9수학05-03] [12수학05-03]</td><td></td></tr>
<tr><td>[2수04-02] 자료를 분류하여 표로 나타내고, 자료를 표로 나타내면 편리한 점을 말할 수 있다.</td><td>[4수04-02] 자료를 수집하여 꺾은선그래프로 나타내고 해석할 수 있다.</td><td>[6수04-02] 자료를 수집하여 띠그래프나 원그래프로 나타내고 해석할 수 있다.</td></tr>
<tr><td>[6수학05-03]</td><td>[9수학05-02] [9수학05-03] [12수학05-03]</td><td>[12수학05-03]</td></tr>
<tr><td>[2수04-03] 자료를 분류하여 ○, ×, / 등을 이용한 그래프로 나타내고, 자료를 그래프로 나타내면 편리한 점을 말할 수 있다.</td><td>[4수04-03] 탐구 문제를 해결하기 위해 자료를 수집, 정리하여 막대그래프나 꺾은선그래프로 나타내고 해석할 수 있다.</td><td>[6수04-03] 탐구 문제를 설정하고, 그에 맞는 자료를 수집, 정리하여 적절한 그래프로 나타내고 해석할 수 있다.</td></tr>
<tr><td>[9수학05-02] [9수학05-03]</td><td>[12수학05-04]</td><td>[12수학05-04]</td></tr>
<tr><td rowspan="6"></td><td rowspan="6"></td><td>[6수04-04] 사건이 일어날 가능성을 말로 표현하고 비교할 수 있다.</td></tr>
<tr><td>[9수학05-04] [12수학05-05]</td></tr>
<tr><td>[6수04-05] 사건이 일어날 가능성을 수로 나타낼 수 있다.</td></tr>
<tr><td>[9수학05-04] [12수학05-05]</td></tr>
<tr><td>[6수04-06] 자료를 이용하여 가능성을 예상하고, 가능성에 근거하여 적절한 판단을 내릴 수 있다.</td></tr>
<tr><td>[9수학05-04] [12수학05-05]</td></tr>
</table>

참고자료

1. 교육부 고시 제2015-81호 [별책1] 특수교육 교육과정 총론
2. 교육부 고시 제2022-33호 [별책2] 초등학교 교육과정
3. 교육부 고시 제2022-34호 [별책1] 특수교육 교육과정 총론
4. 교육과정디자인연구소(2020), 교사 교육과정을 디자인하다, 테크빌교육
5. 박진수(2020), 왜 교사 수준 교육과정인가, 더블북
6. 서울특별시교육청(2021), 함께 실천하는 교사 교육과정 3학년(기초편)
7. 인천광역시교육청(2022), 교사 교육과정 디자인
8. 정명철 외(2021), 특수교사, 수업을 요리하다(학급경영편), 교육과학사
9. 초등 참평가연구회(2020), 2015개정교육과정 교수평카드, 에듀니티
10. 한경화 · 정명철(2020), 특수교육 「교 · 수 · 평 일체화」를 위한 재구성 카드, 교육과학사

교육과정 설계를 위한 성취기준 적용 시 고려사항

국어

2국어03-01

학생이 자신과 환경이 연결되어 있음을 인식해나가고, 자연과 환경에 관심을 가질 수 있도록 자신의 주변과 지역 환경을 탐구할 기회를 제공한다. 가정이나 학교 주변의 자연물을 탐색하여 끼적일 수 있는 도구를 직접 찾기도 하고, 선과 모양을 이루고 있는 주변 환경의 사물이나 형태를 인식하고 표현할 수 있도록 교실 외의 다양한 자연 학습 공간을 활용하여 지도한다.

4국어01-01
4국어01-04

음성 언어 표현이 어려운 중도중복장애 학생은 손가락으로 가리키거나 고개 끄덕이기, 의사소통 판에서 선택하기, 해당 사물의 실물을 직접 가리키거나 제시하기와 같은 방법으로 의사소통하게 한다. 학생의 의사소통 특성을 고려하여 보완대체의사소통 상징과 기기를 사용하여 표현하는 방법을 지도하고 "예, 아니요"로 답하기, 좋아하는 것과 싫어하는 것 선택하기, 원하는 물건 선택하기 등과 같은 선택 활동을 반복적으로 지도하여 학생이 스스로 결정하여 표현할 수 있는 능력을 기른다. 자신의 선호도에 따라 선택하는 것이 익숙하지 않은 학생의 경우, 평소의 모습을 관찰하거나 보호자와 상담하여 학생의 선호도를 파악하고 한 가지 선택지만 제공하여 좋아하는 것을 표현하는 방법을 먼저 지도한다.
음성 언어 표현이나 동작 수행이 어려운 중도중복장애 학생에게는 대화 상대방 방향으로 시선이나, 고개, 몸을 움직이기, 상대방에게 미소 짓기, 단순한 음성이나 몸짓으로 반응하기 등으로 성취기준을 대체하여 적용할 수 있다.

4국어03-01

중도중복장애 학생의 경우 표현의 정확성보다는 의미 전달을 위한 쓰기 기능을 중시하여 지도한다. 보완대체의사소통 기기의 그림-글자 연결하기 기능을 활용하거나 엘리베이터의 버튼 누르기, 키오스크로 음식 주문하기 등과 같이 일상생활에서 흔하게 접하는 다양한 매체를 활용하여 쓰기를 지도한다.

6국어01-02

음성 언어 표현이 어려운 중도중복장애 학생에게는 친구의 설명을 듣고 해당 그림이나 실물을 가리키기, 모습이나 행동에 관련된 질문에 따라 해당하는 그림 카드를 선택하거나 동작으로 나타내기, 모습이나 움직임을 동작으로 설명하기 등으로 성취기준을 재구성하여 적용할 수 있다.

6국어01-03

시각장애를 지닌 중도중복장애 학생에게는 학생의 일상을 촬영한 영상이나 녹음한 소리를 활용하여 경험을 회상하고, 질문에 따라 있었던 일이나 그때의 기분을 말, 표정, 몸짓, 그림, 기호, 상징, 보완대체의사소통 기기로 대답하게 한다.

성취기준	고려사항
6국어02-04 6국어02-05	학생들이 좋아하는 책이나 읽을거리를 선택하게 하여 읽을거리에 호기심과 재미를 느끼고 읽는 활동에 능동적으로 참여하게 한다. 매체 자료를 활용하여 읽을거리에 관심을 갖도록 하고, 여러 가지 재질로 구성된 촉감 책, 버튼을 누르면 소리 나는 책, 아코디언 책, 헝겊 책, 비닐 책, 조립 책, 입체 책, 팝업 책, 퍼즐 책 등 다양한 책을 제공하여 읽기의 즐거움을 누리게 한다.
6국어03-01	중도중복장애 학생의 경우 기능적인 쓰기 활동에 중점을 두어 지도한다. 학생 주변 환경을 중심으로 꼭 필요한 기능적 단어를 선정하여 글자를 쓰게 한다. 자체중복장애 학생 특성에 맞는 쓰기 보조기기를 활용하고, 글자를 쓸 수 없는 학생은 그림 카드, 글자 카드, 그림말, 사진, 기호 등 학생에게 친숙하고 편리한 보완대체 의사소통 상징과 기기를 사용하여 자기 의사를 표현하게 한다.
9국어02-02	중도중복장애 학생의 생태학적 환경을 고려하여 학생이 일상에서 많이 접하는 가정, 학교, 지역사회에서 만나는 대상과의 사회적 상호작용과 관계를 유지하는 데 필요하거나 자주 사용하는 문장을 활용한다. 또한 타인과 상호작용하는 구체적인 환경과 상황을 제시하여 대상이 누구인지, 어떤 관계를 형성하는지, 내가 도움을 요청하거나 도움을 줄 수 있는 상황에서 어떻게 반응해야 하는지 등 다양한 상황이 드러나거나 학생에 적합한 단서가 포함된 자료를 제공한다. 문장의 의미 파악하기에서는 문장의 모든 내용을 이해하지 못하더라도 주요 내용을 파악하여 '무엇이 어떠하다', '누가 무엇을 하였다'와 같은 수준에서 내용을 파악하게 한다.
12국어01-04	학생이 적합한 의사소통 방법으로 자기 생각을 적극적으로 표현하도록 지도한다. 사람에 따라 입장이나 의견이 다름을 알고, 가정, 학교, 지역사회 구성원들과 의견을 말하고 들으며 합의해 가는 과정을 경험할 수 있도록 지도한다. 더 나아가 환경 및 기후 문제와 같이 사회가 직면한 문제들에 대해 생각을 나누고, 문제 해결을 위한 실천 방안을 마련하여 자신과 공동체의 삶에 주체적으로 행동하게 한다.
12국어03-01	중도중복장애 학생에게는 문장 부호의 이름과 쓰임을 알고 문장에 사용하는 성취기준을 문장 부호에 따라 문장의 의미가 달라진다는 것을 경험하는 것으로 재구성하여 설정할 수 있다.

* 2022 개정 특수교육 교육과정 [별책3] 기본 교육과정 국어과 성취기준 적용 시 고려사항 중에서 발췌함

수학

2수학 01-06
2수학 01-07

장애 정도가 심한 학생의 경우 구체물 한 개와 여러 개를 직관적으로 구별할 때 모양이나 크기, 형태 등이 모두 똑같은 구체물을 사용하여 다른 자극은 최소한으로 줄이고 사물의 수량에만 집중할 수 있게 한다. 또한 다섯 개 이하의 구체물을 세는 활동을 할 때 학생이 구어로 개수를 세는 반응뿐만 아니라 필요한 경우 교사가 개수를 세면 해당하는 구체물을 따라서 응시하거나 손가락으로 가리키게 한다.

2수학 02-03

장애 정도가 심한 학생의 경우 학습 활동을 위해서 사물을 선정할 때 사물의 모양 차이가 명확한 물건을 제시하여 여러 가지 모양의 특성을 직관적으로 파악하는 데 도움을 제공한다.

4수학 01-07

장애 정도가 심한 학생의 경우 9개 이하인 구체물을 가지고 가르기와 모으기의 조작 활동을 반복하여 연산을 경험하게 한다. 계산 도구를 활용하는 경우, 조작이 쉬운 형태의 계산기를 활용하고 계산기 자체에 익숙해지는 시간을 충분히 가지게 한다. 자신이 편한 방법으로 버튼을 눌러 보도록 하고 제시되는 숫자와 기호를 따라 눌러서 계산기 창에 나타내 보는 활동을 한다.

4수학 04-01
4수학 04-02
4수학 04-03

장애 정도가 심한 학생의 경우 규칙적인 배열에 사용하는 물체는 가정이나 교실에서 볼 수 있는 크기, 모양, 색깔 등 특징이 단순한 두 가지 물체로 한정하여 제시하여, 다른 자극을 최소화하고 규칙적인 배열에 주의를 집중할 수 있게 한다. 이와 함께 정교하고 세밀한 소근육의 움직임이 필요한 물체보다는 학생이 조작하기 쉬운 물체를 활용하여 두 가지 물체를 반복하여 배열하게 한다. 이때에는 규칙대로 놓은 물체의 배열 순서를 그림판으로 제시하는 것과 같이 규칙 도움 도구를 활용하여 그 위에 해당 물체를 똑같이 놓게 함으로써 학생의 성공 경험을 높일 수 있다.

6수학 01-01

장애 정도가 심한 학생의 경우 십(10) 모형을 살펴보고 하나씩 모아보는 활동을 한다. 교사가 세는 십(10) 모형을 따라 응시하거나 손가락으로 함께 가리키는 반응도 수를 세는 반응으로 간주한다. 십(10) 모형이 하나씩 늘어나면 수도 함께 커진다는 것을 경험을 통해 인식하게 한다.

9수학 01-09 9수학 01-10	장애 정도가 심한 학생의 경우 실생활 속에 곱셈이 활용되는 신발 한 켤레씩 반복해서 놓기 등과 같이 곱셈이 활용되는 친숙한 상황들을 살펴보고 유용성을 경험하는 데 초점을 둔다. 또한 교사와 함께 순서대로 계산기를 입력하는 방법을 따라 하면서 몇백의 덧셈과 뺄셈, 곱셈을 경험하게 한다.
9수학 03-01 9수학 03-02	장애 정도가 심한 학생의 경우 이전 학년군에서 배운 활동을 활용하여 50cm, 10cm 등의 일정한 길이의 끈이나 스티커 등을 반복적으로 붙여 1m의 길이를 경험하게 한다. 그리고 학생의 신체 활동을 통해 1m 길이를 나타내거나 비교하게 하고, 가정과 학교 등의 환경에서 1m 길이에 해당하는 물건의 크기와 위치에 대해 알아보는 등 1m에 대한 길이 감각을 경험하게 한다. 장애 정도가 심한 학생의 경우 일상생활 속 물건 중 무게가 1kg에 해당하는 물체를 제시한다. 이와 함께 물체를 한 손이나 양손으로 들어보게 하거나 친구에게 전달하게 하는 등 1kg에 대한 다양한 신체 경험의 기회를 제공한다. 그리고 물건 한 개의 무게가 1kg인 경우와 여러 물건의 합이 1kg인 것을 각각 들어보고 비교하게 함으로써 물건의 수와 상관없이 일정한 무게 1kg에 대한 무게 감각을 인식하게 한다.
12수학 01-14	장애 정도가 심한 학생의 경우 실생활 속에서 다양한 화폐를 지불해야 하는 상황을 살펴보고 지역사회에서 카드를 제시하고 상품 가격을 계산한 뒤 카드를 다시 돌려받는 과정을 직접 경험하게 한다.

*2022 개정 특수교육 교육과정 [별책3] 기본 교육과정 수학과 성취기준 적용 시 고려사항 중에서 발췌함

| 지은이 소개 |

김 미 연

현) 계곡초등학교 교사

현) 티처빌원격교육연수원 '특수교육 수업레시피' 연수 강사

현) 국립공주대학교 특수교육종합연수원 직무연수 강사

현) 실천하는 특수교사 행동연구회 운영진

「믿고 기다릴 수 있는 좋은 교사」라는 교육철학을 가지고 삶과 연계한 깊이 있는 배움을 통해 학생들이 지금, 여기에서 꿈을 가지고 밝고 아름답게 자랄 수 있도록 지원하고 실천하기 위해 노력하고 있습니다.

이 수 경

현) 한빛초등학교 교사

현) 티처빌원격교육연수원 '특수교육 수업레시피' 연수 강사

현) 국립공주대학교 특수교육종합연수원 직무연수 강사

현) 실천하는 특수교사 행동연구회 운영진

「배우며 실천하고 겸손한 자세로 행복하게 살아가기」라는 교육철학을 가지고 학생들이 교실 속에서 친구들과 어울리며 행복하게 성장하도록 지원하는 교사가 되도록 고민하고 이를 실천하기 위해 노력하고 있습니다.

한 경 화

현) 경상남도교육청 장학사

현) 티처빌원격교육연수원 '특수교육 수업레시피' 연수 강사

현) 국립공주대학교 특수교육종합연수원 직무연수 강사

현) 실천하는 특수교사 행동연구회 회장 <https://cafe.naver.com/specialmove>

학생들과 학부모, 동료 교사와 행복한 동행을 꿈꾸며, 「교사의 질이 곧 교육의 질이다」라는 교육철학으로 학교 및 교사 수준 교육과정과 IEP와 연계한 교육과정-수업-평가 일체화, 전문적 학습공동체 활성화에 관심이 많으며 이를 실천하기 위해 노력하고 있습니다.

배워서 바로 실천하는 특수학급 경영

Workbook 따라하기

2023년 6월 25일 1판 1쇄 인쇄
2023년 6월 30일 1판 1쇄 발행

저 자 : 김미연 이수경 한경화
감 수 : 실천하는 특수교사 행동연구회
발행인 : 한 정 주
발행처 : 교 육 과 학 사

저자와의 협의하에 인지생략

경기도 파주시 광인사길 71
전화 (031)955-6956~8 / 팩스 (031)955-6037
Home-page : www.kyoyookbook.co.kr
E-mail : kyoyookbook@daum.net, kyoyook@chol.com
등록 : 1970년 5월 18일 제2-73호

낙장 · 파본은 교환해 드립니다.
Printed in Korea.

정가 17,000원
ISBN 978-89-254-1788-2

초1-2학년 [듣기 · 말하기]

[2국어01-01]

여러 가지 소리의 의미를 이해하고 구별한다.

여러 가지 소리 듣고 적절하게 반응하기

초3-4학년 [듣기 · 말하기]

[4국어01-01]

일상생활이나 자신과 관련된 단어를 사용하여 의사를 표현한다.

일상생활이나 자신과 관련된 단어

초1-2학년 [듣기 · 말하기]

[2국어01-02]

표정과 몸짓의 의미를 이해하고, 표정과 몸짓으로 감정이나 요구를 표현한다.

표정과 몸짓

초3-4학년 [듣기 · 말하기]

[4국어01-02]

요청하는 말을 듣고 이해하여 행동으로 나타낸다.

말 듣고 행동하기

초1-2학년 [듣기 · 말하기]

[2국어01-03]

다양한 방법으로 의사소통을 시도한다.

말소리, 상징, 보완대체의사소통기기 의사소통

초3-4학년 [듣기 · 말하기]

[4국어01-03]

자신과 관련된 간단한 질문에 대답한다.

간단한 질문에 대답하기

초1-2학년 [듣기 · 말하기]

[2국어01-04]

의사소통에 자발적이고 적극적으로 참여한다.

자발적인 의사 표현

초3-4학년 [듣기 · 말하기]

[4국어01-04]

바른 자세로 대화에 참여한다.

바른 자세로 대화 참여

[공통교육과정 관련 성취기준]

[2국01-04] 자신의 경험이나 생각을 바른 자세로 발표한다.
[4국01-05] 목적과 주제에 알맞게 자료를 정리하여 자신감 있게 발표한다.
[6국01-01] 대화에서 생략된 내용을 추론하며 듣는다.

[공통교육과정 관련 성취기준]

[2국01-03] 상대의 말을 집중하여 듣고 말차례를 지키며 대화한다.

[공통교육과정 관련 성취기준]

[2국01-02] 바르고 고운 말로 서로의 감정을 나누며 듣고 말한다.
[6국01-04] 면담의 절차를 이해하고 상대와 매체를 고려하여 면담한다.

[공통교육과정 관련 성취기준]

[2국01-02] 바르고 고운 말로 서로의 감정을 나누며 듣고 말한다.
[4국01-03] 상황에 적절한 준언어·비언어적 표현을 활용하여 듣고 말한다.

[공통교육과정 관련 성취기준]

[2국01-04] 자신의 경험이나 생각을 바른 자세로 발표한다.
[4국01-06] 주제에 적절한 의견과 이유를 제시하고 서로의 생각을 교환하며 토의한다.
[6국01-06] 토의에 협력적으로 참여하며 서로의 의견을 비교하고 조정한다.

[공통교육과정 관련 성취기준]

[2국01-04] 자신의 경험이나 생각을 바른 자세로 발표한다.
[4국01-05] 목적과 주제에 알맞게 자료를 정리하여 자신감 있게 발표한다.
[4국01-06] 주제에 적절한 의견과 이유를 제시하고 서로의 생각을 교환하며 토의한다.

[공통교육과정 관련 성취기준]

[2국01-03] 상대의 말을 집중하여 듣고 말차례를 지키며 대화한다.
[2국01-05] 듣기와 말하기에 관심과 흥미를 가진다.
[4국01-03] 상황에 적절한 준언어·비언어적 표현을 활용하여 듣고 말한다.
[4국01-04] 상황과 상대의 입장을 이해하고 예의를 지키며 대화한다.

[공통교육과정 관련 성취기준]

[2국01-05] 듣기와 말하기에 관심과 흥미를 가진다.
[4국01-04] 상황과 상대의 입장을 이해하고 예의를 지키며 대화한다.

초5-6학년 [듣기 · 말하기]

[6국어01-01]
단어와 문장을 듣고 뜻을 파악한다.

단어와 문장

초5-6학년 [듣기 · 말하기]

[6국어01-02]
모습과 행동을 단어나 문장으로 표현한다.

모습과 행동 파악하고 말하기

초5-6학년 [듣기 · 말하기]

[6국어01-03]
시간이나 장소를 나타내는 말을 사용하여 경험한 일을 상대방에게 전달한다.

시간, 장소를 나타내는 말

초5-6학년 [듣기 · 말하기]

[6국어01-04]
묻는 말의 의미를 이해하여 적절한 질문과 대답을 한다.

묻는 말

초5-6학년 [듣기 · 말하기]

[6국어01-05]
바르고 고운 말을 사용하여 대화한다.

바르고 고운 말

중1-3학년 [듣기 · 말하기]

[9국어01-01]
상대방의 이야기를 듣고 주요 내용을 파악한다.

말 듣고 주요 내용 파악하기

중1-3학년 [듣기 · 말하기]

[9국어01-02]
사건이나 사실을 분명하게 전달한다.

사실과 느낌 표현하기

중1-3학년 [듣기 · 말하기]

[9국어01-03]
준언어적, 비언어적 표현 요소를 활용하여 자신의 감정이나 느낌을 표현한다.

준언어적, 비언어적 표현

[공통교육과정 관련 성취기준]

[2국01-02] 바르고 고운 말로 서로의 감정을 나누며 듣고 말한다.

[4국01-04] 상황과 상대의 입장을 이해하고 예의를 지키며 대화한다.

[공통교육과정 관련 성취기준]

[2국01-01] 중요한 내용이나 일이 일어난 순서를 고려하며 듣고 말한다.

[4국01-01] 중요한 내용과 주제를 파악하며 듣고 그 내용을 요약한다.

[공통교육과정 관련 성취기준]

[2국01-01] 중요한 내용이나 일이 일어난 순서를 고려하며 듣고 말한다.

[4국01-01] 중요한 내용과 주제를 파악하며 듣고 그 내용을 요약한다.

[공통교육과정 관련 성취기준]

[2국01-03] 상대의 말을 집중하여 듣고 말차례를 지키며 대화한다.

[4국01-05] 목적과 주제에 알맞게 자료를 정리하여 자신감 있게 발표한다.

[6국01-05] 자료를 선별하여 핵심 정보를 중심으로 내용을 구성하고 매체를 활용하여 발표한다.

[공통교육과정 관련 성취기준]

[2국01-01] 중요한 내용이나 일이 일어난 순서를 고려하며 듣고 말한다.

[4국01-05] 목적과 주제에 알맞게 자료를 정리하여 자신감 있게 발표한다.

[공통교육과정 관련 성취기준]

[2국01-01] 중요한 내용이나 일이 일어난 순서를 고려하며 듣고 말한다.

[2국01-02] 바르고 고운 말로 서로의 감정을 나누며 듣고 말한다.

[2국01-04] 자신의 경험이나 생각을 바른 자세로 발표한다.

[공통교육과정 관련 성취기준]

[2국01-02] 바르고 고운 말로 서로의 감정을 나누며 듣고 말한다.

[4국01-03] 상황에 적절한 준언어·비언어적 표현을 활용하여 듣고 말한다.

[공통교육과정 관련 성취기준]

[2국01-03] 상대의 말을 집중하여 듣고 말차례를 지키며 대화한다.

[2국01-05] 듣기와 말하기에 관심과 흥미를 가진다.

[4국01-03] 상황에 적절한 준언어·비언어적 표현을 활용하여 듣고 말한다.

[6국01-04] 면담의 절차를 이해하고 상대와 매체를 고려하여 면담한다.

중1-3학년 [듣기 · 말하기]

[9국어01-04]
대화 예절을 지키며 상대방의 말에 적절한 질문과 대답으로 대화를 이어 간다.

대화 예절

고1-3학년 [듣기 · 말하기]

[12국어01-03]
생각을 주고받으며 대화를 나눈다.

생각을 나타내는 말

중1-3학년 [듣기 · 말하기]

[9국어01-05]
인사말과 높임 표현을 사용하여 상황과 상대방에 따라 적절하게 말한다.

높임 표현

고1-3학년 [듣기 · 말하기]

[12국어01-04]
대화 목적에 따라 적절한 내용과 태도로 말한다.

대화의 목적

고1-3학년 [듣기 · 말하기]

[12국어01-01]
정보를 전달하는 말을 듣고 자신에게 필요한 내용을 파악한다.

말 듣고 필요한 정보 파악하기

고1-3학년 [듣기 · 말하기]

[12국어01-05]
다양한 매체와 매체 자료를 활용하여 의사소통한다.

매체를 활용한 의사소통 방법

고1-3학년 [듣기 · 말하기]

[12국어01-02]
상대방의 말에 적절히 반응하며 공감하는 대화를 한다.

공감하는 대화

초1-2학년 [읽기]

[2국어02-01]
점, 선, 면으로 구성된 여러 가지 형태를 탐색한다.

형태 지각

[공통교육과정 관련 성취기준]

[2국05-02] 작품을 듣거나 읽으면서 느끼거나 생각한 점을 말한다.

[4국01-06] 주제에 적절한 의견과 이유를 제시하고 서로의 생각을 교환하며 토의한다.

[6국01-03] 주제와 관련하여 궁금한 내용을 질문하며 적극적으로 듣고 말한다.

[공통교육과정 관련 성취기준]

[2국01-03] 상대의 말을 집중하여 듣고 말차례를 지키며 대화한다.

[4국01-06] 주제에 적절한 의견과 이유를 제시하고 서로의 생각을 교환하며 토의한다.

[6국01-03] 주제와 관련하여 궁금한 내용을 질문하며 적극적으로 듣고 말한다.

[6국01-04] 면담의 절차를 이해하고 상대와 매체를 고려하여 면담한다.

[공통교육과정 관련 성취기준]

[2국01-02] 바르고 고운 말로 서로의 감정을 나누며 듣고 말한다.

[4국01-02] 원인과 결과의 관계를 고려하여 내용을 예측하며 듣고 말한다.

[6국01-04] 면담의 절차를 이해하고 상대와 매체를 고려하여 면담한다.

[공통교육과정 관련 성취기준]

[2국01-02] 바르고 고운 말로 서로의 감정을 나누며 듣고 말한다.

[4국01-04] 상황과 상대의 입장을 이해하고 예의를 지키며 대화한다.

[4국04-04] 글과 담화에 쓰인 높임 표현과 지시·접속 표현을 이해하고 상황에 맞게 표현한다.

[4국04-05] 언어가 의사소통과 관계 형성의 수단임을 이해하고 국어를 소중히 여기는 태도를 지닌다.

[공통교육과정 관련 성취기준]

[2국06-01] 일상의 다양한 매체와 매체 자료에 흥미와 관심을 가진다.

[4국06-01] 인터넷에서 학습에 필요한 다양한 자료를 탐색하고 목적에 맞게 자료를 선택한다.

[4국06-03] 매체 소통 윤리를 고려하여 매체 자료를 활용하고 공유한다.

[6국01-05] 자료를 선별하여 핵심 정보를 중심으로 내용을 구성하고 매체를 활용하여 발표한다.

[6국06-01] 정보 검색 도구를 활용하여 자신의 목적에 맞는 매체 자료를 찾는다.

[공통교육과정 관련 성취기준]

[2국01-01] 중요한 내용이나 일이 일어난 순서를 고려하며 듣고 말한다.

[4국01-01] 중요한 내용과 주제를 파악하며 듣고 그 내용을 요약한다.

[공통교육과정 관련 성취기준]

[공통교육과정 관련 성취기준]

[2국01-02] 바르고 고운 말로 서로의 감정을 나누며 듣고 말한다.

[4국01-04] 상황과 상대의 입장을 이해하고 예의를 지키며 대화한다.

[6국01-01] 대화에서 생략된 내용을 추론하며 듣는다.

[6국01-06] 토의에 협력적으로 참여하며 서로의 의견을 비교하고 조정한다.

초1-2학년 [읽기]

[2국어02-02]
글자의 기초가 되는 여러 가지 모양을 변별한다.

변별하기

초3-4학년 [읽기]

[4국어02-02]
그림책이나 환경 인쇄물 등에서 단어, 상징의 의미를 파악한다.

상징, 글자의 의미

초1-2학년 [읽기]

[2국어02-03]
일상생활에서 자주 볼 수 있는 실물, 그림, 상징, 기호에 관심을 가진다.

실물, 그림, 상징에 대한 관심

초3-4학년 [읽기]

[4국어02-03]
상징, 글자, 그림 단서를 활용하여 인물과 장면을 파악한다.

그림을 단서로 인물과 장면 확인하기

초1-2학년 [읽기]

[2국어02-04]
실물, 그림, 상징이 소리로 표현되는 것을 알고, 읽는 활동에 관심을 가진다.

실물, 그림, 상징 대응하기

초3-4학년 [읽기]

[4국어02-04]
그림책, 환경 인쇄물, 책 등 다양한 읽을거리에 관심을 가진다.

그림과 글자 읽기에 대한 흥미

초3-4학년 [읽기]

[4국어02-01]
바른 자세로 친숙한 단어를 소리 내어 읽는다.

친숙한 단어 읽기

초5-6학년 [읽기]

[6국어02-01]
글자의 구성 요소와 짜임을 익혀 단어를 소리 내어 읽는다.

글자의 구성 요소

[공통교육과정 관련 성취기준]

[2국02-02] 의미가 잘 드러나도록 문장과 짧은 글을 알맞게 띄어 읽는다.

[2국02-03] 글을 읽고 중심 내용을 확인한다.

[6국02-01] 글의 구조를 고려하며 주제나 주장을 파악하고 글 내용을 요약한다.

[공통교육과정 관련 성취기준]

[공통교육과정 관련 성취기준]

[2국02-03] 글을 읽고 중심 내용을 확인한다.

[4국02-02] 문단과 글에서 중심 생각을 파악하고 내용을 간추린다.

[4국02-04] 글에 나타난 사실과 의견을 구분하고 필자와 자신의 의견을 비교한다.

[6국02-02] 글에서 생략된 내용이나 함축된 표현을 문맥을 고려하여 추론한다.

[공통교육과정 관련 성취기준]

[2국02-03] 글을 읽고 중심 내용을 확인한다.

[공통교육과정 관련 성취기준]

[2국02-05] 읽기에 흥미를 가지고 즐겨 읽는 태도를 지닌다.

[4국02-06] 바람직한 읽기 습관을 형성하고 읽기에 대한 자신감을 기른다.

[6국02-05] 긍정적인 읽기 동기를 형성하고 적극적으로 읽기에 참여하는 태도를 기른다.

[공통교육과정 관련 성취기준]

[2국02-05] 읽기에 흥미를 가지고 즐겨 읽는 태도를 지닌다.

[4국02-06] 바람직한 읽기 습관을 형성하고 읽기에 대한 자신감을 기른다.

[6국02-05] 긍정적인 읽기 동기를 형성하고 적극적으로 읽기에 참여하는 태도를 기른다.

[공통교육과정 관련 성취기준]

[2국02-01] 글자, 단어, 문장, 짧은 글을 정확하게 소리 내어 읽는다.

[2국04-01] 한글 자모의 이름과 소릿값을 알고 정확하게 발음하고 쓴다.

[4국02-01] 글의 의미를 파악하며 유창하게 글을 읽는다.

[6국02-01] 글의 구조를 고려하며 주제나 주장을 파악하고 글 내용을 요약한다.

[6국05-01] 작가의 의도를 생각하며 작품을 읽는다.

[공통교육과정 관련 성취기준]

[2국02-01] 글자, 단어, 문장, 짧은 글을 정확하게 소리 내어 읽는다.

[2국04-01] 한글 자모의 이름과 소릿값을 알고 정확하게 발음하고 쓴다.

[4국02-01] 글의 의미를 파악하며 유창하게 글을 읽는다.

초5-6학년 [읽기]

[6국어02-02]
여러 가지 매체 자료에서 단어의 의미를 파악한다.

매체 자료

초5-6학년 [읽기]

[6국어02-03]
그림을 단서로 문장의 내용을 이해한다.

그림을 단서로 내용 파악하기

초5-6학년 [읽기]

[6국어02-04]
일상생활에서 접하는 동시, 노랫말, 이야기 등에 재미를 느끼며 읽는다.

읽기에 대한 즐거움

초5-6학년 [읽기]

[6국어02-05]
다양한 매체 자료와 글에 흥미를 느끼고, 올바른 읽기 습관을 기른다.

바람직한 읽기 습관

중1-3학년 [읽기]

[9국어02-01]
단어의 의미 관계를 이해하고 의미 관계에 알맞게 띄어 읽는다.

단어의 의미 확장

중1-3학년 [읽기]

[9국어02-02]
문장의 의미를 파악하여 주요 내용을 확인한다.

문장의 의미

중1-3학년 [읽기]

[9국어02-03]
문장을 읽고 인물의 생각이나 마음을 이해한다.

인물의 마음이나 생각 알기

중1-3학년 [읽기]

[9국어02-04]
다양한 읽을거리를 스스로 찾아 즐겨 읽는 태도를 기른다.

자발적인 읽기 태도

[공통교육과정 관련 성취기준]

[2국02-02] 의미가 잘 드러나도록 문장과 짧은 글을 알맞게 띄어 읽는다.

[공통교육과정 관련 성취기준]

[2국02-02] 의미가 잘 드러나도록 문장과 짧은 글을 알맞게 띄어 읽는다.
[2국06-01] 일상의 다양한 매체와 매체 자료에 흥미와 관심을 가진다.
[2국06-02] 일상의 경험과 생각을 글과 그림으로 표현한다.
[4국02-01] 글의 의미를 파악하며 유창하게 글을 읽는다.
[4국04-01] 단어와 단어 간의 의미 관계를 파악한다.
[6국06-01] 정보 검색 도구를 활용하여 자신의 목적에 맞는 매체 자료를 찾는다.

[공통교육과정 관련 성취기준]

[2국02-03] 글을 읽고 중심 내용을 확인한다.
[4국02-02] 문단과 글에서 중심 생각을 파악하고 내용을 간추린다.
[4국04-02] 단어를 분류하고 국어사전을 활용하여 능동적인 국어 활동을 한다.

[공통교육과정 관련 성취기준]

[2국02-03] 글을 읽고 중심 내용을 확인한다.
[4국02-03] 질문을 활용하여 글을 예측하며 읽고 자신의 읽기 과정을 점검한다.
[6국02-02] 글에서 생략된 내용이나 함축된 표현을 문맥을 고려하여 추론한다.
[6국02-03] 글이나 자료를 읽고 내용의 타당성과 표현의 적절성을 평가한다.

[공통교육과정 관련 성취기준]

[2국02-04] 인물의 마음이나 생각을 짐작하고 이를 자신과 비교하며 글을 읽는다.
[4국05-01] 인물과 이야기의 흐름을 중심으로 작품을 감상한다.
[6국05-03] 소설이나 극을 읽고 인물, 사건, 배경을 파악한다.
[6국05-06] 작품을 읽고 자신의 삶과 연관 지어 성찰하는 태도를 지닌다.

[공통교육과정 관련 성취기준]

[2국02-05] 읽기에 흥미를 가지고 즐겨 읽는 태도를 지닌다.
[2국05-01] 말놀이, 낭송 등을 통해 말의 재미와 즐거움을 느낀다.
[2국05-04] 시나 노래, 이야기에 흥미를 가진다.
[4국05-05] 재미나 감동을 느끼며 작품을 즐겨 감상하는 태도를 지닌다.
[6국05-01] 작가의 의도를 생각하며 작품을 읽는다.

[공통교육과정 관련 성취기준]

[2국02-05] 읽기에 흥미를 가지고 즐겨 읽는 태도를 지닌다.
[2국05-03] 작품 속 인물의 모습, 행동, 마음을 상상하여 시, 노래, 이야기, 그림 등으로 표현한다.
[4국02-06] 바람직한 읽기 습관을 형성하고 읽기에 대한 자신감을 기른다.
[4국05-05] 재미나 감동을 느끼며 작품을 즐겨 감상하는 태도를 지닌다.
[6국02-05] 긍정적인 읽기 동기를 형성하고 적극적으로 읽기에 참여하는 태도를 기른다.
[6국05-04] 인상적인 부분을 중심으로 작품에 대한 의견을 나눈다.

[공통교육과정 관련 성취기준]

[4국02-06] 바람직한 읽기 습관을 형성하고 읽기에 대한 자신감을 기른다.
[4국06-01] 인터넷에서 학습에 필요한 다양한 자료를 탐색하고 목적에 맞게 자료를 선택한다.
[6국02-05] 긍정적인 읽기 동기를 형성하고 적극적으로 읽기에 참여하는 태도를 기른다.
[6국05-06] 작품을 읽고 자신의 삶과 연관 지어 성찰하는 태도를 지닌다.
[6국06-01] 정보 검색 도구를 활용하여 자신의 목적에 맞는 매체 자료를 찾는다.
[6국06-04] 자신의 매체 이용 양상에 대해 성찰한다.

중1-3학년 [읽기]

[9국어02-05]
글을 읽고 글에 대한 느낌과 경험을 다른 사람과 나눈다.

글에 대한 느낌과 읽기 경험 공유

고1-3학년 [읽기]

[12국어02-01]
글의 느낌과 분위기를 살려 유창하게 읽는다.

유창하게 읽기

고1-3학년 [읽기]

[12국어02-02]
글의 중심 내용을 파악하고 대강의 내용을 간추린다.

글의 주요 내용 파악하기

고1-3학년 [읽기]

[12국어02-03]
글쓴이와 등장인물의 생각을 파악하고 경험과 관련짓는다.

경험과 관련지어 읽기

고1-3학년 [읽기]

[12국어02-04]
글과 매체 자료의 유형에 따라 다양한 읽기 방법을 적용하여 읽는다.

읽기의 목적과 방법

고1-3학년 [읽기]

[12국어02-05]
일상생활에서 다양한 글과 책, 매체 자료를 즐겨 읽는다.

읽기의 생활화

초1-2학년 [쓰기]

[2국어03-01]
끼적이기에 재미를 느끼며 자유롭게 끼적인다.

자유롭게 끼적이기

초1-2학년 [쓰기]

[2국어03-02]
글자의 기초가 되는 선과 모양을 알고 다양한 방법으로 표현한다.

글자의 기초가 되는 선과 모양

[공통교육과정 관련 성취기준]

[4국02-05] 글이나 자료의 출처가 믿을 만한지 판단한다.
[4국04-02] 단어를 분류하고 국어사전을 활용하여 능동적인 국어활동을 한다.
[4국06-01] 인터넷에서 학습에 필요한 다양한 자료를 탐색하고 목적에 맞게 자료를 선택한다.
[4국06-02] 매체를 활용하여 간단한 발표 자료를 만든다.
[6국05-01] 작가의 의도를 생각하며 작품을 읽는다.
[6국06-01] 정보 검색 도구를 활용하여 자신의 목적에 맞는 매체 자료를 찾는다.

[공통교육과정 관련 성취기준]

[2국05-02] 작품을 듣거나 읽으면서 느끼거나 생각한 점을 말한다.
[2국06-01] 일상의 다양한 매체와 매체 자료에 흥미와 관심을 가진다.
[4국05-03] 작품을 듣거나 읽고 마음에 드는 작품을 소개한다.
[4국05-04] 감각적 표현에 유의하여 작품을 감상하고, 감각적 표현을 활용하여 자신의 생각이나 감정을 표현한다.

[공통교육과정 관련 성취기준]

[2국06-01] 일상의 다양한 매체와 매체 자료에 흥미와 관심을 가진다.
[4국02-06] 바람직한 읽기 습관을 형성하고 읽기에 대한 자신감을 기른다.
[4국04-05] 언어가 의사소통과 관계 형성의 수단임을 이해하고 국어를 소중히 여기는 태도를 지닌다.
[4국06-01] 인터넷에서 학습에 필요한 다양한 자료를 탐색하고 목적에 맞게 자료를 선택한다.
[6국02-04] 문제 상황과 관련된 다양한 관점의 글을 읽고 이를 문제 해결에 활용한다.
[6국02-05] 긍정적인 읽기 동기를 형성하고 적극적으로 읽기에 참여하는 태도를 기른다.

[공통교육과정 관련 성취기준]

[4국02-01] 글의 의미를 파악하며 유창하게 글을 읽는다.
[4국04-01] 단어와 단어 간의 의미 관계를 파악한다.
[4국04-02] 단어를 분류하고 국어사전을 활용하여 능동적인 국어 활동을 한다.

[공통교육과정 관련 성취기준]

[공통교육과정 관련 성취기준]

[4국02-02] 문단과 글에서 중심 생각을 파악하고 내용을 간추린다.
[6국02-01] 글의 구조를 고려하며 주제나 주장을 파악하고 글 내용을 요약한다.
[6국05-03] 소설이나 극을 읽고 인물, 사건, 배경을 파악한다.

[공통교육과정 관련 성취기준]

[공통교육과정 관련 성취기준]

[2국02-04] 인물의 마음이나 생각을 짐작하고 이를 자신과 비교하며 글을 읽는다.
[4국05-02] 자신의 경험을 바탕으로 작품 속 세계와 현실 세계를 비교하여 작품을 감상한다.
[6국05-05] 자신의 경험을 시, 소설, 극, 수필 등 적절한 갈래로 표현한다.
[6국05-06] 작품을 읽고 자신의 삶과 연관 지어 성찰하는 태도를 지닌다.

초3-4학년 [쓰기]

[4국어03-01]
다양한 방법으로 글자 모양을 만든다.

글자 모양

초5-6학년 [쓰기]

[6국어03-02]
단어가 가진 의미를 알고 일상생활에서 자주 사용하는 단어를 쓴다.

단어의 의미

초3-4학년 [쓰기]

[4국어03-02]
쓰기 도구를 바르게 잡고 글자 모양을 따라 쓴다.

쓰기 도구

초5-6학년 [쓰기]

[6국어03-03]
쓰기에 흥미를 느끼고 바른 자세와 태도로 글자를 쓴다.

글씨를 쓰는 바른 자세

초3-4학년 [쓰기]

[4국어03-03]
나와 관련 있는 친숙한 글자를 보고 쓰면서 쓰기 활동에 관심을 가진다.

친숙한 글자

중1-3학년 [쓰기]

[9국어03-01]
사물의 이름, 존재, 상태, 동작을 나타내는 단어를 바르게 쓴다.

단어 쓰기

초5-6학년 [쓰기]

[6국어03-01]
글자의 짜임을 알고 획순에 따라 한글 자모를 쓴다.

글자의 짜임과 획순

중1-3학년 [쓰기]

[9국어03-02]
기록의 필요성을 알고 일상생활에 필요한 내용과 정보를 메모한다.

메모하기

[공통교육과정 관련 성취기준]

[2국03-03] 주변 소재에 대해 소개하는 글을 쓴다.

[공통교육과정 관련 성취기준]

[2국03-01] 글자와 단어를 바르게 쓴다.

[공통교육과정 관련 성취기준]

[2국03-01] 글자와 단어를 바르게 쓴다.

[2국03-02] 쓰기에 흥미를 가지며 자신의 생각이나 느낌을 문장으로 표현한다.

[2국03-04] 겪은 일을 표현하는 글을 자유롭게 쓰고, 쓴 글을 함께 읽고 생각이나 느낌을 나눈다.

[공통교육과정 관련 성취기준]

[2국03-01] 글자와 단어를 바르게 쓴다.

[공통교육과정 관련 성취기준]

[2국03-01] 글자와 단어를 바르게 쓴다.

[2국04-02] 소리와 표기가 다를 수 있음을 알고 단어를 바르게 읽고 쓴다.

[4국04-02] 단어를 분류하고 국어사전을 활용하여 능동적인 국어활동을 한다.

[공통교육과정 관련 성취기준]

[2국03-01] 글자와 단어를 바르게 쓴다.

[2국03-02] 쓰기에 흥미를 가지며 자신의 생각이나 느낌을 문장으로 표현한다.

[2국03-03] 주변 소재에 대해 소개하는 글을 쓴다.

[2국03-04] 겪은 일을 표현하는 글을 자유롭게 쓰고, 쓴 글을 함께 읽고 생각이나 느낌을 나눈다.

[공통교육과정 관련 성취기준]

[2국03-03] 주변 소재에 대해 소개하는 글을 쓴다.

[공통교육과정 관련 성취기준]

[2국03-01] 글자와 단어를 바르게 쓴다.

[2국04-01] 한글 자모의 이름과 소릿값을 알고 정확하게 발음하고 쓴다.

[4국04-02] 단어를 분류하고 국어사전을 활용하여 능동적인 국어활동을 한다.

중1-3학년 [쓰기]

[9국어03-03]

문장의 기본 구조를 알고 문장을 쓴다.

문장 쓰기

고1-3학년 [쓰기]

[12국어03-03]

쓰기 매체를 활용하여 일상생활과 관련된 내용을 쓴다.

쓰기 매체의 특성

중1-3학년 [쓰기]

[9국어03-04]

쓰기에 자신감을 가지고 단어나 문장으로 쓰려는 태도를 기른다.

쓰기에 대한 자신감

고1-3학년 [쓰기]

[12국어03-04]

쓰기로 소통하는 즐거움을 느끼고, 언어 예절을 지켜 글 쓰는 태도를 기른다.

쓰기로 소통하는 즐거움

고1-3학년 [쓰기]

[12국어03-01]

문장 부호의 이름과 쓰임을 알고 문장에 사용한다.

문장 부호의 의미

고1-3학년 [쓰기]

[12국어03-02]

주제와 내용이 자연스럽게 연결되는 짧은 글을 쓴다.

짧은 글 쓰기

[공통교육과정 관련 성취기준]

[2국03-04] 겪은 일을 표현하는 글을 자유롭게 쓰고, 쓴 글을 함께 읽고 생각이나 느낌을 나눈다.

[2국06-02] 일상의 경험과 생각을 글과 그림으로 표현한다.

[4국06-02] 매체를 활용하여 간단한 발표 자료를 만든다.

[6국06-03] 적합한 양식과 수용자의 반응을 고려하여 복합 양식 매체 자료를 제작하고 공유한다.

[공통교육과정 관련 성취기준]

[2국03-01] 글자와 단어를 바르게 쓴다.

[4국04-03] 기본적인 문장의 짜임을 이해하고 적절하게 사용한다.

[공통교육과정 관련 성취기준]

[4국03-05] 자신의 쓰기 과정을 점검하며 쓰기에 자신감을 갖는다.

[4국04-05] 언어가 의사소통과 관계 형성의 수단임을 이해하고 국어를 소중히 여기는 태도를 지닌다.

[공통교육과정 관련 성취기준]

[2국03-02] 쓰기에 흥미를 가지며 자신의 생각이나 느낌을 문장으로 표현한다.

[4국03-05] 자신의 쓰기 과정을 점검하며 쓰기에 자신감을 갖는다.

[공통교육과정 관련 성취기준]

[2국04-03] 문장과 문장 부호를 알맞게 쓰고 한글에 호기심을 가진다.

[공통교육과정 관련 성취기준]

[4국03-01] 중심 문장과 뒷받침 문장을 갖추어 문단을 쓰고, 문장과 문단을 중심으로 고쳐 쓴다.

[4국03-03] 대상에 대한 자신의 의견과 그렇게 생각한 이유가 드러나게 글을 쓴다.

초1-2학년 [수와 연산]

[2수학01-01]
주변을 탐색하여 방금 전에 보았던 사물을 찾는다.

사물 찾기

초1-2학년 [수와 연산]

[2수학01-02]
제시한 구체물과 같거나 다른 구체물을 찾는다.

변별하기

초1-2학년 [수와 연산]

[2수학01-03]
구체물을 보고 많은 것과 적은 것을 비교한다.

비교하기

초1-2학년 [수와 연산]

[2수학01-04]
서로 관계있는 구체물을 찾아 일대일로 짝짓는다.

짝짓기

초1-2학년 [수와 연산]

[2수학01-05]
구체물을 한 가지 기준에 따라 순서대로 배열한다.

순서짓기

초1-2학년 [수와 연산]

[2수학01-06]
구체물이 있고 없음을 구별하고, 한 개와 여러 개를 구별한다.

수량 인식

초1-2학년 [수와 연산]

[2수학01-07]
다섯 개 이하 구체물의 개수를 센다.

다섯 개 이하 개수 세기

초1-2학년 [수와 연산]

[2수학01-08]
배열이 다른 구체물의 개수를 세어 비교한다.

다섯 개 이하 개수 세기

[공통교육과정 관련 성취기준]

[공통교육과정 관련 성취기준]

[공통교육과정 관련 성취기준]

[2수01-01] 수의 필요성을 인식하면서 0과 100까지의 수 개념을 이해하고, 수를 세고 읽고 쓸 수 있다.

[공통교육과정 관련 성취기준]

[공통교육과정 관련 성취기준]

[2수01-01] 수의 필요성을 인식하면서 0과 100까지의 수 개념을 이해하고, 수를 세고 읽고 쓸 수 있다.

[공통교육과정 관련 성취기준]

[2수01-03] 네 자리 이하의 수의 범위에서 수의 계열을 이해하고, 수의 크기를 비교할 수 있다.

[공통교육과정 관련 성취기준]

[2수01-01] 수의 필요성을 인식하면서 0과 100까지의 수 개념을 이해하고, 수를 세고 읽고 쓸 수 있다.

[2수01-03] 네 자리 이하의 수의 범위에서 수의 계열을 이해하고, 수의 크기를 비교할 수 있다.

[공통교육과정 관련 성취기준]

초1-2학년 [수와 연산]

[2수학01-09]
다섯 개 이하의 구체물을 양쪽으로 가른다.

다섯 개 이하 구체물 가르기

초3-4학년 [수와 연산]

[4수학01-02]
두 모음의 구체물 개수를 비교하고 많고 적음을 표현한다.

개수 비교하기

초1-2학년 [수와 연산]

[2수학01-10]
양쪽의 구체물을 하나로 모은다.

다섯 개 이하 구체물 모으기

초3-4학년 [수와 연산]

[4수학01-03]
9 이하의 수를 읽고 쓴다.

9까지의 수 알기

초1-2학년 [수와 연산]

[2수학01-11]
화폐의 용도를 알고 구체물 중에서 화폐를 찾는다.

화폐 찾기

초3-4학년 [수와 연산]

[4수학01-04]
0의 개념을 알고 0을 읽고 쓴다.

0으로 표현하기

초3-4학년 [수와 연산]

[4수학01-01]
열 개 이하의 구체물 개수를 센다.

열 개까지 개수 세기

초3-4학년 [수와 연산]

[4수학01-05]
9 이하의 수 크기를 비교한다.

9까지의 수 크기 비교하기

[공통교육과정 관련 성취기준]

[공통교육과정 관련 성취기준]

[2수01-02] 일, 십, 백, 천의 자릿값과 위치적 기수법을 이해하고, 네 자리 이하의 수를 읽고 쓸 수 있다.

[공통교육과정 관련 성취기준]

[2수01-01] 수의 필요성을 인식하면서 0과 100까지의 수 개념을 이해하고, 수를 세고 읽고 쓸 수 있다.

[공통교육과정 관련 성취기준]

[2수01-03] 네 자리 이하의 수의 범위에서 수의 계열을 이해하고, 수의 크기를 비교할 수 있다.

[공통교육과정 관련 성취기준]

[2수01-04] 하나의 수를 두 수로 분해하고 두 수를 하나의 수로 합성하는 활동을 통하여 수 감각을 기른다.

[공통교육과정 관련 성취기준]

[2수01-04] 하나의 수를 두 수로 분해하고 두 수를 하나의 수로 합성하는 활동을 통하여 수 감각을 기른다.

[공통교육과정 관련 성취기준]

[공통교육과정 관련 성취기준]

[2수01-01] 수의 필요성을 인식하면서 0과 100까지의 수 개념을 이해하고, 수를 세고 읽고 쓸 수 있다.

초3-4학년 [수와 연산]

[4수학01-06]

구체물의 배열을 순서수로 표현한다.

순서수 표현하기

초3-4학년 [수와 연산]

[4수학01-10]

0이 있는 덧셈과 뺄셈을 한다.

0이 있는 덧셈과 뺄셈

초3-4학년 [수와 연산]

[4수학01-07]

실생활에서 활용되는 한 자리 수의 덧셈과 뺄셈의 의미를 안다.

덧셈과 뺄셈의 의미 알기

초3-4학년 [수와 연산]

[4수학01-11]

동전의 액면가를 읽고 크기를 비교한다.

동전의 액면가 알기

초3-4학년 [수와 연산]

[4수학01-08]

합이 9 이하인 더하기를 하고 덧셈식으로 나타낸다.

합이 9 이하인 덧셈하기

초3-4학년 [수와 연산]

[4수학01-12]

몇백 원짜리 상품과 교환할 수 있는 동전을 찾는다.

상품과 동전 교환하기

초3-4학년 [수와 연산]

[4수학01-09]

피감수가 9 이하인 빼기를 하고 뺄셈식으로 나타낸다.

피감수가 9 이하인 뺄셈하기

초5-6학년 [수와 연산]

[6수학01-01]

10의 개념을 알고, 몇십을 센다.

10 알기, 몇십 세기

[공통교육과정 관련 성취기준]

[2수01-06] 두 자리 수의 범위에서 덧셈과 뺄셈의 계산 원리를 이해하고 그 계산을 할 수 있다.

[공통교육과정 관련 성취기준]

[2수01-03] 네 자리 이하의 수의 범위에서 수의 계열을 이해하고, 수의 크기를 비교할 수 있다.

[공통교육과정 관련 성취기준]

[공통교육과정 관련 성취기준]

[2수01-05] 덧셈과 뺄셈이 이루어지는 실생활 상황과 연결하여 덧셈과 뺄셈의 의미를 이해한다.

[2수01-07] 덧셈과 뺄셈의 관계를 이해한다.

[공통교육과정 관련 성취기준]

[공통교육과정 관련 성취기준]

[2수01-06] 두 자리 수의 범위에서 덧셈과 뺄셈의 계산 원리를 이해하고 그 계산을 할 수 있다.

[공통교육과정 관련 성취기준]

[2수01-01] 수의 필요성을 인식하면서 0과 100까지의 수 개념을 이해하고, 수를 세고 읽고 쓸 수 있다.

[공통교육과정 관련 성취기준]

[2수01-06] 두 자리 수의 범위에서 덧셈과 뺄셈의 계산 원리를 이해하고 그 계산을 할 수 있다.

초5-6학년 [수와 연산]

[6수학01-02]

10개의 묶음과 낱개의 수를 두 자리 수로 나타낸다.

십 모형의 수와 낱개의 수 나타내기

초5-6학년 [수와 연산]

[6수학01-06]

실생활에서 활용되는 몇십의 덧셈과 뺄셈의 의미를 안다.

받아올림 없는 (몇십)+(몇십)

받아내림 없는 (몇십)-(몇십)

초5-6학년 [수와 연산]

[6수학01-03]

두 자리 수의 크기를 비교한다.

두 자리 수의 크기 비교하기

초5-6학년 [수와 연산]

[6수학01-07]

받아올림(내림)이 없는 몇십의 덧셈과 뺄셈을 한다.

받아올림 없는 몇십의 덧셈

받아내림 없는 몇십의 덧셈

초5-6학년 [수와 연산]

[6수학01-04]

합이 10이 되는 더하기를 하고 덧셈식으로 나타낸다.

합이 10이 되는 더하기

초5-6학년 [수와 연산]

[6수학01-08]

받아올림(내림)이 없는 몇십의 덧셈, 뺄셈과 관련된 실생활 문제를 해결한다.

받아올림 없는 몇십의 덧셈

받아내림 없는 몇십의 덧셈

초5-6학년 [수와 연산]

[6수학01-05]

피감수가 10인 빼기를 하고 뺄셈식으로 나타낸다.

피감수가 10인 빼기

초5-6학년 [수와 연산]

[6수학01-09]

지폐(천 원, 오천 원, 만 원)의 액면가를 읽고 크기를 비교한다.

지폐의 액면가 알기

[공통교육과정 관련 성취기준]

[2수01-05] 덧셈과 뺄셈이 이루어지는 실생활 상황과 연결하여 덧셈과 뺄셈의 의미를 이해한다.

[2수01-06] 두 자리 수의 범위에서 덧셈과 뺄셈의 계산 원리를 이해하고 그 계산을 할 수 있다.

[2수01-07] 덧셈과 뺄셈의 관계를 이해한다.

[공통교육과정 관련 성취기준]

[2수01-01] 수의 필요성을 인식하면서 0과 100까지의 수 개념을 이해하고, 수를 세고 읽고 쓸 수 있다.

[2수01-02] 일, 십, 백, 천의 자릿값과 위치적 기수법을 이해하고, 네 자리 이하의 수를 읽고 쓸 수 있다.

[공통교육과정 관련 성취기준]

[2수01-06] 두 자리 수의 범위에서 덧셈과 뺄셈의 계산 원리를 이해하고 그 계산을 할 수 있다.

[공통교육과정 관련 성취기준]

[2수01-03] 네 자리 이하의 수의 범위에서 수의 계열을 이해하고, 수의 크기를 비교할 수 있다.

[공통교육과정 관련 성취기준]

[2수01-06] 두 자리 수의 범위에서 덧셈과 뺄셈의 계산 원리를 이해하고 그 계산을 할 수 있다.

[공통교육과정 관련 성취기준]

[2수01-06] 두 자리 수의 범위에서 덧셈과 뺄셈의 계산 원리를 이해하고 그 계산을 할 수 있다.

[공통교육과정 관련 성취기준]

[4수01-01] 큰 수의 필요성을 인식하면서 10000 이상의 큰 수에 대한 자릿값과 위치적 기수법을 이해하고, 수를 읽고 쓸 수 있다.

[공통교육과정 관련 성취기준]

[2수01-06] 두 자리 수의 범위에서 덧셈과 뺄셈의 계산 원리를 이해하고 그 계산을 할 수 있다.

초5-6학년 [수와 연산]

[6수학01-10]
지폐(천 원, 오천 원, 만 원)를 다른 액면가의 지폐로 교환한다.

지폐 교환하기

중1-3학년 [수와 연산]

[9수학01-02]
일, 십, 백의 자릿값을 알고, 세 자리 수를 읽고 쓴다.

세 자리 수 알기

초5-6학년 [수와 연산]

[6수학01-11]
몇천 원짜리 상품과 교환할 수 있는 지폐를 찾는다.

물건과 지폐 교환하기

중1-3학년 [수와 연산]

[9수학01-03]
세 자리 수의 크기를 비교한다.

세 자리 수의 크기 비교하기

초5-6학년 [수와 연산]

[6수학01-12]
만 몇천 원짜리 상품과 교환할 수 있는 지폐를 찾는다.

물건과 지폐 교환하기

중1-3학년 [수와 연산]

[9수학01-04]
실생활에서 활용되는 몇백의 덧셈과 뺄셈의 의미를 안다.

몇백의 덧셈과 뺄셈 연산의 상황 살펴보기

중1-3학년 [수와 연산]

[9수학01-01]
100의 개념을 알고, 몇백을 센다.

100 알기

중1-3학년 [수와 연산]

[9수학01-05]
받아올림(내림)이 없는 몇백의 덧셈과 뺄셈을 한다.

받아올림이 없는 (몇백)+(몇백)
받아내림이 없는 (몇백)-(몇백)

[공통교육과정 관련 성취기준]

[2수01-02] 일, 십, 백, 천의 자릿값과 위치적 기수법을 이해하고, 네 자리 이하의 수를 읽고 쓸 수 있다.

[공통교육과정 관련 성취기준]

[2수01-03] 네 자리 이하의 수의 범위에서 수의 계열을 이해하고, 수의 크기를 비교할 수 있다.

[공통교육과정 관련 성취기준]

[4수01-03] 세 자리 수의 덧셈과 뺄셈의 계산 원리를 이해하고 그 계산을 할 수 있다.

[공통교육과정 관련 성취기준]

[4수01-03] 세 자리 수의 덧셈과 뺄셈의 계산 원리를 이해하고 그 계산을 할 수 있다.

[공통교육과정 관련 성취기준]

[4수01-01] 큰 수의 필요성을 인식하면서 10000 이상의 큰 수에 대한 자릿값과 위치적 기수법을 이해하고, 수를 읽고 쓸 수 있다.

[공통교육과정 관련 성취기준]

[공통교육과정 관련 성취기준]

[4수01-01] 큰 수의 필요성을 인식하면서 10000 이상의 큰 수에 대한 자릿값과 위치적 기수법을 이해하고, 수를 읽고 쓸 수 있다.

[공통교육과정 관련 성취기준]

[2수01-01] 수의 필요성을 인식하면서 0과 100까지의 수 개념을 이해하고, 수를 세고 읽고 쓸 수 있다.

중1-3학년 [수와 연산]

[9수학01-06]

받아올림(내림)이 없는 몇백의 덧셈, 뺄셈과 관련된 실생활 문제를 해결한다.

받아올림이 없는 (몇백)+(몇백)
받아내림이 없는 (몇백)-(몇백)

중1-3학년 [수와 연산]

[9수학01-10]

곱셈구구를 활용하여 실생활 문제를 해결한다.

곱셈구구

중1-3학년 [수와 연산]

[9수학01-07]

받아올림이 있는 한 자리 수의 덧셈을 한다.

받아올림이 있는 한 자리 수의 덧셈

중1-3학년 [수와 연산]

[9수학01-11]

지폐(오만 원)의 액면가를 읽고 크기를 비교한다.

지폐의 액면가 알고 크기 비교하기

중1-3학년 [수와 연산]

[9수학01-08]

실생활에서 활용되는 곱셈의 의미를 안다.

곱셈의 의미 알기

중1-3학년 [수와 연산]

[9수학01-12]

지폐(오만 원)를 다른 액면가의 지폐로 교환한다.

지폐 교환하기

중1-3학년 [수와 연산]

[9수학01-09]

곱셈구구의 원리를 알고 1단부터 9단까지 나타낸다.

곱셈구구의 원리 알기

중1-3학년 [수와 연산]

[9수학01-13]

몇만 몇천 원짜리 상품과 교환할 수 있는 지폐를 찾는다.

물건과 지폐 교환하기

[공통교육과정 관련 성취기준]

[2수01-11] **곱셈구구를 이해하고, 한 자리 수의 곱셈을 할 수 있다.**

[4수01-04] 곱하는 수가 한 자리 수 또는 두 자리 수인 곱셈의 계산 원리를 이해하고 그 계산을 할 수 있다.

[공통교육과정 관련 성취기준]

[4수01-03] **세 자리 수의 덧셈과 뺄셈의 계산 원리를 이해하고 그 계산을 할 수 있다.**

[공통교육과정 관련 성취기준]

[4수01-02] **다섯 자리 이상의 수의 범위에서 수의 계열을 이해하고, 수의 크기를 비교하며 그 방법을 설명할 수 있다.**

[공통교육과정 관련 성취기준]

[2수01-06] **두 자리 수의 범위에서 덧셈과 뺄셈의 계산 원리를 이해하고 그 계산을 할 수 있다.**

[2수01-08] 두 자리 수의 범위에서 세 수의 덧셈과 뺄셈을 할 수 있다.

[6수01-01] 덧셈, 뺄셈, 곱셈, 나눗셈의 혼합 계산에서 계산하는 순서를 알고, 혼합 계산을 할 수 있다.

[공통교육과정 관련 성취기준]

[4수01-01] 큰 수의 필요성을 인식하면서 10000 이상의 큰 수에 대한 자릿값과 위치적 기수법을 이해하고, 수를 읽고 쓸 수 있다.

[공통교육과정 관련 성취기준]

[2수01-10] **곱셈이 이루어지는 실생활 상황과 연결하여 곱셈의 의미를 이해한다.**

[공통교육과정 관련 성취기준]

[4수01-01] 큰 수의 필요성을 인식하면서 10000 이상의 큰 수에 대한 자릿값과 위치적 기수법을 이해하고, 수를 읽고 쓸 수 있다.

[공통교육과정 관련 성취기준]

[2수01-11] **곱셈구구를 이해하고, 한 자리 수의 곱셈을 할 수 있다.**

[4수01-04] 곱하는 수가 한 자리 수 또는 두 자리 수인 곱셈의 계산 원리를 이해하고 그 계산을 할 수 있다.

[6수01-01] 덧셈, 뺄셈, 곱셈, 나눗셈의 혼합 계산에서 계산하는 순서를 알고, 혼합 계산을 할 수 있다.

중1-3학년 [수와 연산]

[9수학01-14]

대용 화폐를 활용하여 상품을 교환한다.

여러 가지 화폐의 종류와 사용 방법 알기

고1-3학년 [수와 연산]

[12수학01-04]

생활 속의 다양한 명명수를 읽는다.

다양한 명명수 읽는 방법 알기

고1-3학년 [수와 연산]

[12수학01-01]

1000의 개념을 알고, 몇천을 센다.

1000 알기, 몇천 세기

고1-3학년 [수와 연산]

[12수학01-05]

생활 속에서 접하는 여러 가지 수를 찾아 읽는다.

생활 속 여러 가지 수(분수, 소수, 음의 정수 등) 읽기

고1-3학년 [수와 연산]

[12수학01-02]

일, 십, 백, 천의 자릿값을 알고, 네 자리 수를 읽고 쓴다.

네 자리 수 읽고 쓰기

고1-3학년 [수와 연산]

[12수학01-06]

생활 속에서 접하는 여러 가지 수의 의미를 알고 활용한다.

간단한 분수 또는 소수 표현하여 수의 크기 파악하기, 분수, 소수, 음의 정수 적힌 상품 찾기

고1-3학년 [수와 연산]

[12수학01-03]

네 자리 수의 계열을 이해하고, 수의 크기를 비교한다.

수의 크기 비교하기

고1-3학년 [수와 연산]

[12수학01-07]

실생활에서 활용되는 몇천의 덧셈과 뺄셈의 의미를 안다.

몇천의 덧셈과 뺄셈의 상황 살펴보기

[공통교육과정 관련 성취기준]

[공통교육과정 관련 성취기준]

[4수01-09] 양의 등분할을 통하여 분수의 필요성을 인식하고, 분수를 이해하고 읽고 쓸 수 있다.
[4수01-10] 단위분수, 진분수, 가분수, 대분수를 알고, 그 관계를 이해한다.
[4수01-11] 분모가 같은 분수끼리, 단위분수끼리 크기를 비교하고 그 방법을 설명할 수 있다.
[4수01-12] 분모가 10인 진분수와 연결하여 소수 한 자리 수를 이해하고 읽고 쓸 수 있다.
[4수01-13] 자릿값의 원리를 바탕으로 소수 두 자리 수와 소수 세 자리 수를 이해하고 읽고 쓸 수 있다.
[4수01-14] 소수의 크기를 비교하고 그 방법을 설명할 수 있다.
[6수01-11] 분수의 나눗셈의 계산 원리를 탐구하고 그 계산을 할 수 있다.
[6수01-12] 분수와 소수의 관계를 이해하고 크기를 비교하며 그 방법을 설명할 수 있다.

[공통교육과정 관련 성취기준]

[4수01-09] 양의 등분할을 통하여 분수의 필요성을 인식하고, 분수를 이해하고 읽고 쓸 수 있다.
[4수01-10] 단위분수, 진분수, 가분수, 대분수를 알고, 그 관계를 이해한다.
[4수01-11] 분모가 같은 분수끼리, 단위분수끼리 크기를 비교하고 그 방법을 설명할 수 있다.
[4수01-12] 분모가 10인 진분수와 연결하여 소수 한 자리 수를 이해하고 읽고 쓸 수 있다.
[4수01-13] 자릿값의 원리를 바탕으로 소수 두 자리 수와 소수 세 자리 수를 이해하고 읽고 쓸 수 있다.
[4수01-14] 소수의 크기를 비교하고 그 방법을 설명할 수 있다.
[6수01-11] 분수의 나눗셈의 계산 원리를 탐구하고 그 계산을 할 수 있다.
[6수01-12] 분수와 소수의 관계를 이해하고 크기를 비교하며 그 방법을 설명할 수 있다.

[공통교육과정 관련 성취기준]

[4수01-03] 세 자리 수의 덧셈과 뺄셈의 계산 원리를 이해하고 그 계산을 할 수 있다.

[공통교육과정 관련 성취기준]

[2수01-02] 일, 십, 백, 천의 자릿값과 위치적 기수법을 이해하고, 네 자리 이하의 수를 읽고 쓸 수 있다.

[공통교육과정 관련 성취기준]

[2수01-02] 일, 십, 백, 천의 자릿값과 위치적 기수법을 이해하고, 네 자리 이하의 수를 읽고 쓸 수 있다.

[공통교육과정 관련 성취기준]

[2수01-03] 네 자리 이하의 수의 범위에서 수의 계열을 이해하고, 수의 크기를 비교할 수 있다.

고1-3학년 [수와 연산]

[12수학01-08]
받아올림(내림)이 없는 몇천의 덧셈과 뺄셈을 한다.

받아올림(내림)이 없는 몇천의 덧셈과 뺄셈

고1-3학년 [수와 연산]

[12수학01-09]
받아올림(내림)이 없는 몇천의 덧셈, 뺄셈과 관련된 실생활 문제를 해결한다.

받아올림(내림)이 없는 몇천의 덧셈과 뺄셈

고1-3학년 [수와 연산]

[12수학01-10]
받아내림이 있는 (십몇)-(몇)을 한다.

받아내림이 있는 (십몇)-(몇)

고1-3학년 [수와 연산]

[12수학01-11]
실생활에서 활용되는 나눗셈의 의미를 안다.

나눗셈의 의미 알기

고1-3학년 [수와 연산]

[12수학01-12]
나머지가 없는 나눗셈의 몫을 구한다.

나눗셈의 몫 구하기

고1-3학년 [수와 연산]

[12수학01-13]
나눗셈과 관련된 실생활 문제를 해결한다.

나눗셈 문제 해결하기

고1-3학년 [수와 연산]

[12수학01-14]
실생활의 다양한 상황에서 필요한 화폐를 활용한다.

화폐 활용하기

고1-3학년 [수와 연산]

[12수학01-15]
화폐를 관리하여 저축 및 소비생활을 한다.

화폐 관리하기

[공통교육과정 관련 성취기준]

[4수01-06] 나누는 수가 한 자리 수인 나눗셈의 계산 원리를 이해하고 그 계산을 할 수 있으며, 나눗셈에서 몫과 나머지의 의미를 안다.
[4수01-07] 나누는 수가 두 자리 수인 나눗셈의 계산 원리를 이해하고 그 계산을 할 수 있다.
[6수01-01] 덧셈, 뺄셈, 곱셈, 나눗셈의 혼합 계산에서 계산하는 순서를 알고, 혼합 계산을 할 수 있다.
[6수01-04] 약수, 공약수, 최대공약수를 이해하고 구할 수 있다.
[6수01-10] '(자연수)÷(자연수)'에서 나눗셈의 몫을 분수로 나타낼 수 있다.
[6수01-13] 소수의 곱셈의 계산 원리를 탐구하고 그 계산을 할 수 있다.

[공통교육과정 관련 성취기준]

[4수01-03] 세 자리 수의 덧셈과 뺄셈의 계산 원리를 이해하고 그 계산을 할 수 있다.

[공통교육과정 관련 성취기준]

[4수01-06] 나누는 수가 한 자리 수인 나눗셈의 계산 원리를 이해하고 그 계산을 할 수 있으며, 나눗셈에서 몫과 나머지의 의미를 안다.
[4수01-07] 나누는 수가 두 자리 수인 나눗셈의 계산 원리를 이해하고 그 계산을 할 수 있다.
[6수01-10] '(자연수)÷(자연수)'에서 나눗셈의 몫을 분수로 나타낼 수 있다.

[공통교육과정 관련 성취기준]

[4수01-03] 세 자리 수의 덧셈과 뺄셈의 계산 원리를 이해하고 그 계산을 할 수 있다.

[공통교육과정 관련 성취기준]

[공통교육과정 관련 성취기준]

[2수01-06] 두 자리 수의 범위에서 덧셈과 뺄셈의 계산 원리를 이해하고 그 계산을 할 수 있다.
[6수01-01] 덧셈, 뺄셈, 곱셈, 나눗셈의 혼합 계산에서 계산하는 순서를 알고, 혼합 계산을 할 수 있다.

[공통교육과정 관련 성취기준]

[공통교육과정 관련 성취기준]

[4수01-05] 나눗셈이 이루어지는 실생활 상황과 연결하여 나눗셈의 의미를 알고, 곱셈과 나눗셈의 관계를 이해한다.

초1-2학년 [도형]

[2수학02-01]
생활 주변에서 볼 수 있는 사물의 모양을 관찰한다.

모양 관찰하기

초1-2학년 [도형]

[2수학02-02]
여러 가지 사물의 모양의 기초적인 특성을 구별한다.

모양 구별하기

초1-2학년 [도형]

[2수학02-03]
직관적인 비교를 통하여 같은 모양과 다른 모양을 찾는다.

모양 비교하기

초1-2학년 [도형]

[2수학02-04]
주변의 물건을 자유롭게 옮긴다.

물건 옮기기

초1-2학년 [도형]

[2수학02-05]
나를 중심으로 앞, 뒤, 옆, 위, 아래를 구별한다.

앞, 뒤, 옆, 위, 아래 구별하기

초1-2학년 [측정]

[2수학03-01]
여러 가지 구체물의 크기, 길이, 무게를 감각적으로 경험한다.

물체의 감각적 차이 경험하기

초1-2학년 [측정]

[2수학03-02]
구체물 두 개의 크기, 길이를 직관적으로 비교하고 용어로 나타낸다.

크기, 길이 직관적으로 비교하기
비교 용어로 표현하기

초1-2학년 [측정]

[2수학03-03]
구체물 두 개의 무게를 직관적으로 비교하고 용어로 나타낸다.

무게 직관적으로 비교하기
비교 용어로 표현하기

[공통교육과정 관련 성취기준]

[2수03-02] 쌓기나무를 이용하여 여러 가지 입체도형의 모양을 만들고, 그 모양에 대해 위치나 방향을 이용하여 말할 수 있다.

[4수03-05] 평면에서 점의 이동에 대해 위치와 방향을 이용하여 설명할 수 있다.

[공통교육과정 관련 성취기준]

[2수03-01] 교실 및 생활 주변에서 여러 가지 물건을 관찰하여 직육면체, 원기둥, 구의 모양을 찾고, 이를 이용하여 여러 가지 모양을 만들 수 있다.

[공통교육과정 관련 성취기준]

[2수03-06] 구체물의 길이, 들이, 무게, 넓이를 비교하여 각각 '길다, 짧다', '많다, 적다', '무겁다, 가볍다', '넓다, 좁다' 등을 구별하여 말할 수 있다.

[공통교육과정 관련 성취기준]

[2수03-01] 교실 및 생활 주변에서 여러 가지 물건을 관찰하여 직육면체, 원기둥, 구의 모양을 찾고, 이를 이용하여 여러 가지 모양을 만들 수 있다.

[공통교육과정 관련 성취기준]

[2수03-06] 구체물의 길이, 들이, 무게, 넓이를 비교하여 각각 '길다, 짧다', '많다, 적다', '무겁다, 가볍다', '넓다, 좁다' 등을 구별하여 말할 수 있다.

[공통교육과정 관련 성취기준]

[2수03-01] 교실 및 생활 주변에서 여러 가지 물건을 관찰하여 직육면체, 원기둥, 구의 모양을 찾고, 이를 이용하여 여러 가지 모양을 만들 수 있다.

[공통교육과정 관련 성취기준]

[2수03-06] 구체물의 길이, 들이, 무게, 넓이를 비교하여 각각 '길다, 짧다', '많다, 적다', '무겁다, 가볍다', '넓다, 좁다' 등을 구별하여 말할 수 있다.

[공통교육과정 관련 성취기준]

초1-2학년 [측정]

[2수학03-04]
생활 모습을 관찰하여 낮과 밤으로 나타낸다.

낮과 밤 나타내기

초1-2학년 [측정]

[2수학03-05]
시간의 변화에 따른 일상생활의 모습을 관찰하여 전과 후로 구분한다.

일이 일어나기 전과 후 구분하기

초3-4학년 [도형]

[4수학02-01]
교실 및 생활 주변에서 볼 수 있는 사물에서 여러 가지 입체 모양을 찾는다.

입체 모양 찾기

초3-4학년 [도형]

[4수학02-02]
상자 모양, 공 모양, 둥근 기둥 모양 등의 여러 가지 입체 모양을 탐색한다.

입체 모양 탐색하기

초3-4학년 [도형]

[4수학02-03]
직관적인 비교를 통하여 상자 모양, 공 모양, 둥근 기둥 모양을 분류한다.

입체 모양 분류하기

초3-4학년 [도형]

[4수학02-04]
여러 가지 입체 모양을 활용하여 모양을 만들거나 꾸민다.

모양 만들고 꾸미기

초3-4학년 [도형]

[4수학02-05]
주변의 물건을 찾거나 옮기면서 위치의 변화를 경험한다.

위와 아래, 앞과 뒤와 옆, 안과 밖 등의 위치 경험하기

초3-4학년 [도형]

[4수학02-06]
주변의 물건을 찾거나 옮기면서 방향의 변화를 경험한다.

자신을 기준으로 한 방향(오른쪽, 왼쪽 등) 경험하기

[공통교육과정 관련 성취기준]

[2수03-01] 교실 및 생활 주변에서 여러 가지 물건을 관찰하여 직육면체, 원기둥, 구의 모양을 찾고, 이를 이용하여 여러 가지 모양을 만들 수 있다.

[6수03-05] 각기둥과 각뿔을 이해하고, 구성 요소와 성질을 탐구하고 설명할 수 있다.

[6수03-07] 원기둥, 원뿔, 구를 이해하고, 구성 요소와 성질을 탐구하고 설명할 수 있다.

[공통교육과정 관련 성취기준]

[2수03-07] 시계를 보고 시각을 '몇 시 몇 분'까지 읽을 수 있다.

[공통교육과정 관련 성취기준]

[2수03-01] 교실 및 생활 주변에서 여러 가지 물건을 관찰하여 직육면체, 원기둥, 구의 모양을 찾고, 이를 이용하여 여러 가지 모양을 만들 수 있다.

[6수03-04] 직육면체와 정육면체의 겨냥도와 전개도를 그릴 수 있다.

[공통교육과정 관련 성취기준]

[2수03-07] 시계를 보고 시각을 '몇 시 몇 분'까지 읽을 수 있다.

[공통교육과정 관련 성취기준]

[2수03-02] 쌓기나무를 이용하여 여러 가지 입체도형의 모양을 만들고, 그 모양에 대해 위치나 방향을 이용하여 말할 수 있다.

[공통교육과정 관련 성취기준]

[2수03-01] 교실 및 생활 주변에서 여러 가지 물건을 관찰하여 직육면체, 원기둥, 구의 모양을 찾고, 이를 이용하여 여러 가지 모양을 만들 수 있다.

[6수03-03] 직육면체와 정육면체를 이해하고, 구성 요소와 성질을 탐구하고 설명할 수 있다.

[공통교육과정 관련 성취기준]

[2수03-02] 쌓기나무를 이용하여 여러 가지 입체도형의 모양을 만들고, 그 모양에 대해 위치나 방향을 이용하여 말할 수 있다.

[공통교육과정 관련 성취기준]

[2수03-01] 교실 및 생활 주변에서 여러 가지 물건을 관찰하여 직육면체, 원기둥, 구의 모양을 찾고, 이를 이용하여 여러 가지 모양을 만들 수 있다.

초3-4학년 [측정]

[4수학03-01]

구체물 두세 개의 크기, 길이를 직접 비교하고 용어로 나타낸다.

크기, 길이 비교하기
비교 용어로 표현하기

초5-6학년 [도형]

[6수학02-01]

교실 및 생활 주변의 사물을 관찰하여 여러 가지 평면 모양을 찾는다.

평면 모양 찾기

초3-4학년 [측정]

[4수학03-02]

구체물 두세 개의 무게를 직접 비교하고 용어로 나타낸다.

무게 비교하기
비교 용어로 표현하기

초5-6학년 [도형]

[6수학02-02]

동그라미, 네모, 세모 등의 여러 가지 평면 모양을 탐색한다.

평면 모양 탐색하기

초3-4학년 [측정]

[4수학03-03]

하루의 주요 활동을 보고 아침, 점심, 저녁으로 구분한다.

주요 일과를 아침, 점심, 저녁으로 구분하기

초5-6학년 [도형]

[6수학02-03]

직관적 비교를 통하여 동그라미, 네모, 세모 모양을 분류한다.

평면 모양 분류하기

초3-4학년 [측정]

[4수학03-04]

하루의 주요 활동을 아침, 점심, 저녁의 시간 순서대로 나타낸다.

먼저 일어난 일과 나중에 일어난 일 구분하기

초5-6학년 [도형]

[6수학02-04]

동그라미, 네모, 세모 등의 평면 모양을 다양한 방법으로 만들거나 그린다.

평면 모양 만들거나 그리기

[공통교육과정 관련 성취기준]

[2수03-03] 교실 및 생활 주변에서 여러 가지 물건을 관찰하여 삼각형, 사각형, 원의 모양을 찾고, 이를 이용하여 여러 가지 모양을 만들 수 있다.

[공통교육과정 관련 성취기준]

[2수03-03] 교실 및 생활 주변에서 여러 가지 물건을 관찰하여 삼각형, 사각형, 원의 모양을 찾고, 이를 이용하여 여러 가지 모양을 만들 수 있다.

[공통교육과정 관련 성취기준]

[2수03-03] 교실 및 생활 주변에서 여러 가지 물건을 관찰하여 삼각형, 사각형, 원의 모양을 찾고, 이를 이용하여 여러 가지 모양을 만들 수 있다.

[공통교육과정 관련 성취기준]

[2수03-03] 교실 및 생활 주변에서 여러 가지 물건을 관찰하여 삼각형, 사각형, 원의 모양을 찾고, 이를 이용하여 여러 가지 모양을 만들 수 있다.

[2수03-04] 삼각형, 사각형, 원을 직관적으로 이해하고, 그 모양을 그릴 수 있다.

[4수03-06] 원의 중심, 반지름, 지름을 이해하고, 그 성질을 안다.

[6수03-08] 원기둥의 전개도를 그릴 수 있다.

[공통교육과정 관련 성취기준]

[2수03-06] 구체물의 길이, 들이, 무게, 넓이를 비교하여 각각 '길다, 짧다', '많다, 적다', '무겁다, 가볍다', '넓다, 좁다' 등을 구별하여 말할 수 있다.

[공통교육과정 관련 성취기준]

[2수03-06] 구체물의 길이, 들이, 무게, 넓이를 비교하여 각각 '길다, 짧다', '많다, 적다', '무겁다, 가볍다', '넓다, 좁다' 등을 구별하여 말할 수 있다.

[공통교육과정 관련 성취기준]

[2수03-07] 시계를 보고 시각을 '몇 시 몇 분'까지 읽을 수 있다.

[공통교육과정 관련 성취기준]

[2수03-07] 시계를 보고 시각을 '몇 시 몇 분'까지 읽을 수 있다.

초5-6학년 [도형]

[6수학02-05]

여러 가지 평면 모양을 활용하여 모양을 만들거나 꾸민다.

평면 모양 활용하여 만들거나 꾸미기

초5-6학년 [측정]

[6수학03-02]

들이(L)의 단위를 알고 측정 도구(비커 등)를 사용하여 들이를 측정한다.

L 알기, 물체의 들이 측정하기

초5-6학년 [도형]

[6수학02-06]

사물의 위치, 방향, 거리를 파악하여 표현한다.

사물의 위치, 방향, 거리 표현하기

초5-6학년 [측정]

[6수학03-03]

다양한 형태의 시계를 경험하고 시각을 '몇 시', '몇 시 30분'으로 나타낸다.

'몇 시', '몇 시 30분' 나타내기

초5-6학년 [도형]

[6수학02-07]

위치, 방향, 거리에 맞게 물건을 옮긴다.

위치, 방향, 거리에 맞게 물건 옮기기

초5-6학년 [측정]

[6수학03-04]

1일, 1주일을 알고 날짜를 '며칠', '무슨 요일'로 나타낸다.

1일, 1주일 알기
며칠, 무슨 요일에 일어났는지 표현하기

초5-6학년 [측정]

[6수학03-01]

길이(cm)의 단위를 알고 측정 도구(자 등)를 사용하여 길이를 측정한다.

cm 알기, 구체물의 길이 측정하기

중1-3학년 [도형]

[9수학02-01]

사각형, 삼각형, 원을 탐색한다.

사각형, 삼각형, 원 탐색하기

[공통교육과정 관련 성취기준]

[4수03-17] 들이 단위 1L와 1mL를 알고, 이를 이용하여 들이를 측정하고 어림하며 수학의 유용성을 인식할 수 있다.

[공통교육과정 관련 성취기준]

[2수03-03] 교실 및 생활 주변에서 여러 가지 물건을 관찰하여 삼각형, 사각형, 원의 모양을 찾고, 이를 이용하여 여러 가지 모양을 만들 수 있다.

[2수03-04] 삼각형, 사각형, 원을 직관적으로 이해하고, 그 모양을 그릴 수 있다.

[공통교육과정 관련 성취기준]

[2수03-07] 시계를 보고 시각을 '몇 시 몇 분'까지 읽을 수 있다.

[2수03-08] 1시간과 1분의 관계를 이해하고, 시간을 '시간', '분'으로 표현할 수 있다.

[공통교육과정 관련 성취기준]

[2수03-02] 쌓기나무를 이용하여 여러 가지 입체도형의 모양을 만들고, 그 모양에 대해 위치나 방향을 이용하여 말할 수 있다.

[공통교육과정 관련 성취기준]

[2수03-09] 실생활 문제 상황과 연결하여 1분, 1시간, 1일, 1주일, 1개월, 1년 사이의 관계를 이해한다.

[공통교육과정 관련 성취기준]

[2수03-02] 쌓기나무를 이용하여 여러 가지 입체도형의 모양을 만들고, 그 모양에 대해 위치나 방향을 이용하여 말할 수 있다.

[공통교육과정 관련 성취기준]

[2수03-03] 교실 및 생활 주변에서 여러 가지 물건을 관찰하여 삼각형, 사각형, 원의 모양을 찾고, 이를 이용하여 여러 가지 모양을 만들 수 있다.

[2수03-05] 삼각형, 사각형에서 각각의 공통점을 찾아 말할 수 있다.

[공통교육과정 관련 성취기준]

[2수03-10] 길이 단위 1cm와 1m를 알고, 이를 이용하여 주변 사물의 길이를 측정할 수 있다.

중1-3학년 [도형]

[9수학02-02]
직관적 비교를 통하여 사각형, 삼각형, 원을 분류한다.

사각형, 삼각형, 원 분류하기

중1-3학년 [도형]

[9수학02-03]
사각형, 삼각형, 원의 특성을 이해한다.

사각형, 삼각형, 원의 특성 알기

중1-3학년 [도형]

[9수학02-04]
다양한 방법으로 사각형, 삼각형, 원을 만들거나 그린다.

사각형, 삼각형, 원 만들기와 그리기

중1-3학년 [도형]

[9수학02-05]
여러 가지 도형을 활용하여 모양을 만들거나 꾸민다.

여러 가지 도형 활용하여 모양 만들거나 꾸미기

중1-3학년 [도형]

[9수학02-06]
쌓기나무를 이용하여 자유롭게 늘어놓거나 쌓는다.

쌓기나무 쌓기

중1-3학년 [도형]

[9수학02-07]
입체 모양을 보고 똑같이 쌓기나무로 쌓는다.

쌓기나무 똑같이 쌓기

중1-3학년 [도형]

[9수학02-08]
쌓기나무로 만든 입체 모양에 사용된 쌓기나무의 개수를 센다.

쌓기나무의 개수 세기

중1-3학년 [측정]

[9수학03-01]
길이(m)의 단위를 알고 측정 도구(줄자 등)를 사용하여 길이를 측정한다.

m 알기, 길이 측정하기

[공통교육과정 관련 성취기준]

[2수03-02] 쌓기나무를 이용하여 여러 가지 입체도형의 모양을 만들고, 그 모양에 대해 위치나 방향을 이용하여 말할 수 있다.

[공통교육과정 관련 성취기준]

[2수03-02] 쌓기나무를 이용하여 여러 가지 입체도형의 모양을 만들고, 그 모양에 대해 위치나 방향을 이용하여 말할 수 있다.

[6수03-03] 직육면체와 정육면체를 이해하고, 구성 요소와 성질을 탐구하고 설명할 수 있다.

[6수03-04] 직육면체와 정육면체의 겨냥도와 전개도를 그릴 수 있다.

[6수03-10] 쌓기나무로 만든 입체도형의 위, 앞, 옆에서 본 모양을 표현할 수 있고, 이러한 표현을 보고 입체도형의 모양을 추측할 수 있다.

[공통교육과정 관련 성취기준]

[2수03-02] 쌓기나무를 이용하여 여러 가지 입체도형의 모양을 만들고, 그 모양에 대해 위치나 방향을 이용하여 말할 수 있다.

[6수03-09] 쌓기나무로 만든 입체도형을 보고 사용된 쌓기나무의 개수를 구할 수 있다.

[공통교육과정 관련 성취기준]

[2수03-10] 길이 단위 1cm와 1m를 알고, 이를 이용하여 주변 사물의 길이를 측정할 수 있다.

[공통교육과정 관련 성취기준]

[2수03-03] 교실 및 생활 주변에서 여러 가지 물건을 관찰하여 삼각형, 사각형, 원의 모양을 찾고, 이를 이용하여 여러 가지 모양을 만들 수 있다.

[2수03-04] 삼각형, 사각형, 원을 직관적으로 이해하고, 그 모양을 그릴 수 있다.

[공통교육과정 관련 성취기준]

[2수03-05] 삼각형, 사각형에서 각각의 공통점을 찾아 말할 수 있다.

[4수03-08] 여러 가지 모양의 삼각형에 대한 분류 활동을 통하여 이등변삼각형, 정삼각형을 이해하고, 그 성질을 탐구하고 설명할 수 있다.

[4수03-09] 여러 가지 모양의 삼각형에 대한 분류 활동을 통하여 직각삼각형, 예각삼각형, 둔각삼각형을 이해한다.

[4수03-10] 여러 가지 모양의 사각형에 대한 분류 활동을 통하여 직사각형, 정사각형, 사다리꼴, 평행사변형, 마름모를 이해하고, 그 성질을 탐구하고 설명할 수 있다.

[공통교육과정 관련 성취기준]

[2수03-04] 삼각형, 사각형, 원을 직관적으로 이해하고, 그 모양을 그릴 수 있다.

[4수03-06] 원의 중심, 반지름, 지름을 이해하고, 그 성질을 안다.

[4수03-07] 컴퍼스를 이용하여 여러 가지 크기의 원을 그릴 수 있다.

[6수03-08] 원기둥의 전개도를 그릴 수 있다.

[공통교육과정 관련 성취기준]

[2수03-03] 교실 및 생활 주변에서 여러 가지 물건을 관찰하여 삼각형, 사각형, 원의 모양을 찾고, 이를 이용하여 여러 가지 모양을 만들 수 있다.

[2수03-04] 삼각형, 사각형, 원을 직관적으로 이해하고, 그 모양을 그릴 수 있다.

중1-3학년 [측정]

[9수학03-02]

무게(kg)의 단위를 알고 측정 도구(저울 등)를 사용하여 무게를 측정한다.

kg 알기, 무게 측정하기

중1-3학년 [측정]

[9수학03-03]

1시간은 60분임을 알고 시간을 '몇 분', '몇 시간'으로 나타낸다.

1시간 알기, 시침과 분침의 변화 알기

중1-3학년 [측정]

[9수학03-04]

다양한 형태의 달력을 경험하고 날짜를 '몇 월', '몇 월 며칠'로 나타낸다.

달력 구성 요소 알기
다양한 방법으로 나타내기

고1-3학년 [도형]

[12수학02-01]

주어진 도형으로 무늬를 꾸미거나 모양을 채운다.

여러 가지 무늬 만들기
모양 채우기

고1-3학년 [도형]

[12수학02-02]

여러 가지 도형을 활용하여 만들거나 꾸며 실생활에 활용한다.

여러 가지 도형 활용하여 만들기와 꾸미기

고1-3학년 [도형]

[12수학02-03]

크기와 모양이 같은 물건을 늘어놓거나 쌓아 공간을 정리한다.

크기와 모양이 같은 물건 쌓기, 정리하기

고1-3학년 [도형]

[12수학02-04]

크기와 모양이 다른 물건을 늘어놓거나 쌓아 공간을 정리한다.

크기와 모양이 다른 물건 쌓기, 정리하기

고1-3학년 [도형]

[12수학02-05]

공간을 활용하는 목적에 맞게 정리한다.

공간 효율적으로 정리하기

[공통교육과정 관련 성취기준]

[4수03-04] 구체물이나 평면도형의 밀기, 뒤집기, 돌리기 활동을 통하여 그 변화를 이해한다.

[4수03-11] 다각형과 정다각형을 이해한다.

[공통교육과정 관련 성취기준]

[4수03-20] 실생활에서 무게를 나타낼 때 사용하는 단위 1g과 1kg을 알고, 이를 이용하여 무게를 측정하고 어림하며 수학의 유용성을 인식할 수 있다.

[공통교육과정 관련 성취기준]

[2수03-02] 쌓기나무를 이용하여 여러 가지 입체도형의 모양을 만들고, 그 모양에 대해 위치나 방향을 이용하여 말할 수 있다.

[2수03-03] 교실 및 생활 주변에서 여러 가지 물건을 관찰하여 삼각형, 사각형, 원의 모양을 찾고, 이를 이용하여 여러 가지 모양을 만들 수 있다.

[6수03-01] 도형의 합동을 이해하고, 합동인 도형의 성질을 탐구하고 설명할 수 있다.

[공통교육과정 관련 성취기준]

[2수03-08] 1시간과 1분의 관계를 이해하고, 시간을 '시간', '분'으로 표현할 수 있다.

[4수03-12] 주어진 도형을 이용하여 여러 가지 모양을 만들거나 채우고 설명할 수 있다.

[공통교육과정 관련 성취기준]

[2수03-02] 쌓기나무를 이용하여 여러 가지 입체도형의 모양을 만들고, 그 모양에 대해 위치나 방향을 이용하여 말할 수 있다.

[공통교육과정 관련 성취기준]

[2수03-09] 실생활 문제 상황과 연결하여 1분, 1시간, 1일, 1주일, 1개월, 1년 사이의 관계를 이해한다.

[공통교육과정 관련 성취기준]

[2수03-02] 쌓기나무를 이용하여 여러 가지 입체도형의 모양을 만들고, 그 모양에 대해 위치나 방향을 이용하여 말할 수 있다.

[공통교육과정 관련 성취기준]

[2수03-03] 교실 및 생활 주변에서 여러 가지 물건을 관찰하여 삼각형, 사각형, 원의 모양을 찾고, 이를 이용하여 여러 가지 모양을 만들 수 있다.

[4수03-04] 구체물이나 평면도형의 밀기, 뒤집기, 돌리기 활동을 통하여 그 변화를 이해한다.

[4수03-11] 다각형과 정다각형을 이해한다.

고1-3학년 [측정]

[12수학03-01]

길이의 단위를 활용하여 여러 가지 측정 활동에 참여한다.

km 알기
'몇 km 몇 m, 몇 m'로 표현하기

고1-3학년 [측정]

[12수학03-02]

들이의 단위를 활용하여 여러 가지 측정 활동에 참여한다.

mL 알기, '몇백 mL, 몇십 mL'로 표현하기

고1-3학년 [측정]

[12수학03-03]

무게의 단위를 활용하여 여러 가지 측정 활동에 참여한다.

g 알기, kg과 g 관계 알기

고1-3학년 [측정]

[12수학03-04]

생활 속 활동에 필요한 양을 어림한다.

길이, 무게, 들이의 양 어림하기

고1-3학년 [측정]

[12수학03-05]

여러 가지 생활 내용을 일일, 주간 계획표에 나타낸다.

계획표 작성하기

고1-3학년 [측정]

[12수학03-06]

여러 가지 생활 계획표를 보고 필요한 일정을 나타낸다.

계획표에서 정보 찾기
자기 일정표 정리하기

초1-2학년 [규칙성]

[2수학04-01]

시각적, 청각적, 운동적 표현을 통해 생활 주변에서 반복되는 규칙을 경험한다.

규칙 경험하기

초1-2학년 [규칙성]

[2수학04-02]

소리와 리듬, 동작 등을 통해 반복되는 규칙을 따라 한다.

규칙 따라 하기

[공통교육과정 관련 성취기준]

[2수03-09] 실생활 문제 상황과 연결하여 1분, 1시간, 1일, 1주일, 1개월, 1년 사이의 관계를 이해한다.

[공통교육과정 관련 성취기준]

[2수03-06] 구체물의 길이, 들이, 무게, 넓이를 비교하여 각각 '길다, 짧다', '많다, 적다', '무겁다, 가볍다', '넓다, 좁다' 등을 구별하여 말할 수 있다.

[2수03-11] 1m와 1cm의 관계를 이해하고, 길이를 '몇 m 몇 cm'와 '몇 cm'로 표현할 수 있다.

[4수03-15] 길이 단위 1mm와 1km를 알고, 이를 이용하여 길이를 측정하고 어림하며 수학의 유용성을 인식할 수 있다.

[4수03-16] 1cm와 1mm, 1km와 1m의 관계를 이해하고, 길이를 '몇 cm, 몇 mm'와 '몇 mm', '몇 km 몇 m'와 '몇 m'로 다양하게 표현할 수 있다.

[공통교육과정 관련 성취기준]

[2수03-09] 실생활 문제 상황과 연결하여 1분, 1시간, 1일, 1주일, 1개월, 1년 사이의 관계를 이해한다.

[공통교육과정 관련 성취기준]

[2수03-06] 구체물의 길이, 들이, 무게, 넓이를 비교하여 각각 '길다, 짧다', '많다, 적다', '무겁다, 가볍다', '넓다, 좁다' 등을 구별하여 말할 수 있다.

[4수03-18] 1L와 1mL의 관계를 이해하고, 들이를 '몇 L 몇 mL'와 '몇 mL'로 표현할 수 있다.

[공통교육과정 관련 성취기준]

[2수02-01] 물체, 무늬, 수 등의 배열에서 규칙을 찾아 여러 가지 방법으로 표현할 수 있다.

[공통교육과정 관련 성취기준]

[2수03-06] 구체물의 길이, 들이, 무게, 넓이를 비교하여 각각 '길다, 짧다', '많다, 적다', '무겁다, 가볍다', '넓다, 좁다' 등을 구별하여 말할 수 있다.

[4수03-21] 1kg과 1g의 관계를 이해하고, 무게를 '몇 kg 몇 g'과 '몇 g'으로 표현할 수 있다.

[공통교육과정 관련 성취기준]

[2수02-01] 물체, 무늬, 수 등의 배열에서 규칙을 찾아 여러 가지 방법으로 표현할 수 있다.

[공통교육과정 관련 성취기준]

[4수03-17] 들이 단위 1L와 1mL를 알고, 이를 이용하여 들이를 측정하고 어림하며 수학의 유용성을 인식할 수 있다.

[4수03-20] 실생활에서 무게를 나타낼 때 사용하는 단위 1g과 1kg을 알고, 이를 이용하여 무게를 측정하고 어림하며 수학의 유용성을 인식할 수 있다.

[6수01-03] 어림값을 구하기 위한 방법으로 올림, 버림, 반올림의 의미와 필요성을 알고, 이를 실생활에 활용함으로써 수학의 유용성을 인식할 수 있다.

초3-4학년 [규칙성]

[4수학04-01]
반복되는 두 가지 물체 배열을 보고 똑같이 배열한다.

똑같이 배열하기

초5-6학년 [규칙성]

[6수학04-02]
정해진 규칙에 따라 두세 가지 물체를 배열한다.

정해진 규칙에 따라 물체 배열하기

초3-4학년 [규칙성]

[4수학04-02]
반복되는 두 가지 물체 배열을 보고, 다음에 올 것을 추측하여 배열한다.

다음에 올 규칙 추측하여 배열하기

초5-6학년 [규칙성]

[6수학04-03]
생활 주변의 두세 가지 무늬의 배열에서 규칙을 찾는다.

규칙 찾기

초3-4학년 [규칙성]

[4수학04-03]
생활 주변의 두 가지 물체 배열에서 규칙을 찾는다.

규칙 찾기

초5-6학년 [규칙성]

[6수학04-04]
여러 가지 모양과 색 등을 활용하여 규칙적인 무늬를 꾸민다.

규칙적인 무늬 꾸미기

초5-6학년 [규칙성]

[6수학04-01]
생활 주변의 두세 가지 물체의 배열에서 규칙을 찾는다.

규칙 찾기

중1-3학년 [규칙성]

[9수학04-01]
대응 관계의 의미를 알고 생활 주변에서 대응 관계가 있는 것을 찾는다.

대응 관계 의미 알기
대응 관계가 있는 것 찾기

[공통교육과정 관련 성취기준]

[2수02-01] 물체, 무늬, 수 등의 배열에서 규칙을 찾아 여러 가지 방법으로 표현할 수 있다.

[2수02-02] 자신이 정한 규칙에 따라 물체, 무늬, 수 등을 배열할 수 있다.

[공통교육과정 관련 성취기준]

[2수02-01] 물체, 무늬, 수 등의 배열에서 규칙을 찾아 여러 가지 방법으로 표현할 수 있다.

[공통교육과정 관련 성취기준]

[2수02-01] 물체, 무늬, 수 등의 배열에서 규칙을 찾아 여러 가지 방법으로 표현할 수 있다.

[공통교육과정 관련 성취기준]

[2수02-01] 물체, 무늬, 수 등의 배열에서 규칙을 찾아 여러 가지 방법으로 표현할 수 있다.

[공통교육과정 관련 성취기준]

[2수02-01] 물체, 무늬, 수 등의 배열에서 규칙을 찾아 여러 가지 방법으로 표현할 수 있다.

[2수02-02] 자신이 정한 규칙에 따라 물체, 무늬, 수 등을 배열할 수 있다.

[공통교육과정 관련 성취기준]

[2수02-01] 물체, 무늬, 수 등의 배열에서 규칙을 찾아 여러 가지 방법으로 표현할 수 있다.

[공통교육과정 관련 성취기준]

[4수02-01] 다양한 변화 규칙을 찾아 설명하고, 그 규칙을 수나 식으로 나타낼 수 있다.

[4수02-03] 등호를 사용하여 크기가 같은 두 양의 관계를 식으로 나타낼 수 있다.

[공통교육과정 관련 성취기준]

[2수02-01] 물체, 무늬, 수 등의 배열에서 규칙을 찾아 여러 가지 방법으로 표현할 수 있다.

[2수02-02] 자신이 정한 규칙에 따라 물체, 무늬, 수 등을 배열할 수 있다.

중1-3학년 [규칙성]

[9수학04-02]
두 양 사이의 대응 관계를 대응표에 나타내고, 규칙을 찾는다.

두 양 사이의 대응 관계 대응표에 나타내기

고1-3학년 [규칙성]

[12수학04-03]
대응하는 규칙을 활용하여 생활 속 문제를 해결한다.

규칙과 관련된 생활 속 문제 해결하기

중1-3학년 [규칙성]

[9수학04-03]
한 양이 변할 때 다른 양이 그에 종속하여 변화하는 대응 관계를 추측하고 확인한다.

대응 관계 추측하고 확인하기

초1-2학년 [자료와 가능성]

[2수학05-01]
여러 가지 분류 상황을 경험한다.

분류의 필요성 인식하기
분류 활동 경험하기

고1-3학년 [규칙성]

[12수학04-01]
생활 주변의 물체, 무늬, 수 등의 배열에서 규칙을 찾고, 찾은 규칙을 표현한다.

규칙 찾기

초3-4학년 [자료와 가능성]

[4수학05-01]
두 개의 모음으로 분류된 자료를 보고 한 가지 기준을 찾는다.

한 가지 기준 찾기

고1-3학년 [규칙성]

[12수학04-02]
규칙적인 물체, 무늬, 수 등을 활용하여 생활 속 문제를 해결한다.

규칙 활용하기

초3-4학년 [자료와 가능성]

[4수학05-02]
자료를 한 가지 기준에 따라 두 개의 모음으로 분류한다.

한 가지 기준으로 두 개의 모음으로 분류하기

[공통교육과정 관련 성취기준]

[4수02-01] 다양한 변화 규칙을 찾아 설명하고, 그 규칙을 수나 식으로 나타낼 수 있다.

[6수02-01] 한 양이 변할 때 다른 양이 그에 종속하여 변하는 대응 관계를 나타낸 표에서 규칙을 찾아 설명하고, □, △ 등을 사용하여 식으로 나타낼 수 있다.

[공통교육과정 관련 성취기준]

[4수02-01] 다양한 변화 규칙을 찾아 설명하고, 그 규칙을 수나 식으로 나타낼 수 있다.

[4수02-03] 등호를 사용하여 크기가 같은 두 양의 관계를 식으로 나타낼 수 있다.

[6수02-01] 한 양이 변할 때 다른 양이 그에 종속하여 변하는 대응 관계를 나타낸 표에서 규칙을 찾아 설명하고, □, △ 등을 사용하여 식으로 나타낼 수 있다.

[공통교육과정 관련 성취기준]

[2수04-01] 여러 가지 사물을 정해진 기준 또는 자신이 정한 기준으로 분류하여 개수를 세어 보고, 기준에 따른 결과를 말할 수 있다.

[공통교육과정 관련 성취기준]

[4수02-01] 다양한 변화 규칙을 찾아 설명하고, 그 규칙을 수나 식으로 나타낼 수 있다.

[4수02-02] 계산식의 배열에서 규칙을 찾고, 계산 결과를 추측할 수 있다.

[4수02-03] 등호를 사용하여 크기가 같은 두 양의 관계를 식으로 나타낼 수 있다.

[6수02-01] 한 양이 변할 때 다른 양이 그에 종속하여 변하는 대응 관계를 나타낸 표에서 규칙을 찾아 설명하고, □, △ 등을 사용하여 식으로 나타낼 수 있다.

[공통교육과정 관련 성취기준]

[2수04-01] 여러 가지 사물을 정해진 기준 또는 자신이 정한 기준으로 분류하여 개수를 세어 보고, 기준에 따른 결과를 말할 수 있다.

[공통교육과정 관련 성취기준]

[2수02-01] 물체, 무늬, 수 등의 배열에서 규칙을 찾아 여러 가지 방법으로 표현할 수 있다.

[공통교육과정 관련 성취기준]

[2수04-01] 여러 가지 사물을 정해진 기준 또는 자신이 정한 기준으로 분류하여 개수를 세어 보고, 기준에 따른 결과를 말할 수 있다.

[공통교육과정 관련 성취기준]

[2수02-02] 자신이 정한 규칙에 따라 물체, 무늬, 수 등을 배열할 수 있다.

초5-6학년 [자료와 가능성]

[6수학05-01]
세 개 이상의 모음으로 분류된 자료를 보고 한 가지 기준을 찾는다.

세 개 이상의 모음으로 분류된 자료에서 한 가지 기준 찾기

중1-3학년 [자료와 가능성]

[9수학05-02]
자료를 간단한 그래프로 나타낸다.

간단한 그래프로 나타내기

초5-6학년 [자료와 가능성]

[6수학05-02]
자료를 한 가지 기준에 따라 세 개 이상의 모음으로 분류한다.

한 가지 기준에 따라 세 개 이상의 모음으로 분류하기

중1-3학년 [자료와 가능성]

[9수학05-03]
간단한 그래프를 보고 필요한 내용을 찾는다.

그래프에서 정보 찾기

초5-6학년 [자료와 가능성]

[6수학05-03]
분류한 자료를 표로 나타낸다.

표로 나타내기

중1-3학년 [자료와 가능성]

[9수학05-04]
놀이로 가능성을 경험한다.

가능성 경험하기

중1-3학년 [자료와 가능성]

[9수학05-01]
두 가지 기준에 따라 자료를 순차적으로 분류한다.

두 가지 기준에 따라 분류하기

고1-3학년 [자료와 가능성]

[12수학05-01]
여러 가지 기준에 따라 자료를 분류한다.

여러 가지 기준에 따라 자료 분류하기

[공통교육과정 관련 성취기준]

[2수04-03] 자료를 분류하여 ○, ×, / 등을 이용한 그래프로 나타내고, 자료를 그래프로 나타내면 편리한 점을 말할 수 있다.

[4수04-01] 자료를 수집하여 그림그래프나 막대그래프로 나타내고 해석할 수 있다.

[4수04-02] 자료를 수집하여 꺾은선그래프로 나타내고 해석할 수 있다.

[공통교육과정 관련 성취기준]

[2수04-01] 여러 가지 사물을 정해진 기준 또는 자신이 정한 기준으로 분류하여 개수를 세어 보고, 기준에 따른 결과를 말할 수 있다.

[공통교육과정 관련 성취기준]

[2수04-03] 자료를 분류하여 ○, ×, / 등을 이용한 그래프로 나타내고, 자료를 그래프로 나타내면 편리한 점을 말할 수 있다.

[4수04-01] 자료를 수집하여 그림그래프나 막대그래프로 나타내고 해석할 수 있다.

[4수04-02] 자료를 수집하여 꺾은선그래프로 나타내고 해석할 수 있다.

[공통교육과정 관련 성취기준]

[2수04-01] 여러 가지 사물을 정해진 기준 또는 자신이 정한 기준으로 분류하여 개수를 세어 보고, 기준에 따른 결과를 말할 수 있다.

[공통교육과정 관련 성취기준]

[6수04-04] 사건이 일어날 가능성을 말로 표현하고 비교할 수 있다.

[6수04-05] 사건이 일어날 가능성을 수로 나타낼 수 있다.

[6수04-06] 자료를 이용하여 가능성을 예상하고, 가능성에 근거하여 적절한 판단을 내릴 수 있다.

[공통교육과정 관련 성취기준]

[2수04-02] 자료를 분류하여 표로 나타내고, 자료를 표로 나타내면 편리한 점을 말할 수 있다.

[공통교육과정 관련 성취기준]

[2수04-01] 여러 가지 사물을 정해진 기준 또는 자신이 정한 기준으로 분류하여 개수를 세어 보고, 기준에 따른 결과를 말할 수 있다.

[공통교육과정 관련 성취기준]

[2수04-01] 여러 가지 사물을 정해진 기준 또는 자신이 정한 기준으로 분류하여 개수를 세어 보고, 기준에 따른 결과를 말할 수 있다.

고1-3학년	[자료와 가능성]

[12수학05-02]
생활 속 분류된 자료를 보고 필요한 물건을 찾는다.

분류된 자료에서 필요한 물건 찾기

고1-3학년	[자료와 가능성]

[12수학05-03]
여러 가지 그래프를 경험한다.

여러 가지 그래프의 유형별 특징 파악하기

고1-3학년	[자료와 가능성]

[12수학05-04]
생활 속 그래프를 보고 필요한 정보를 찾는다.

그래프에서 필요한 정보 찾기

고1-3학년	[자료와 가능성]

[12수학05-05]
생활 속에서 여러 가지 가능성을 경험한다.

생활 속의 가능성 경험하기

[공통교육과정 관련 성취기준]

[2수04-01] 여러 가지 사물을 정해진 기준 또는 자신이 정한 기준으로 분류하여 개수를 세어 보고, 기준에 따른 결과를 말할 수 있다.

[공통교육과정 관련 성취기준]

[4수04-01] 자료를 수집하여 그림그래프나 막대그래프로 나타내고 해석할 수 있다.

[4수04-02] 자료를 수집하여 꺾은선그래프로 나타내고 해석할 수 있다.

[6수04-02] 자료를 수집하여 띠그래프나 원그래프로 나타내고 해석할 수 있다.

[공통교육과정 관련 성취기준]

[4수04-03] 탐구 문제를 해결하기 위해 자료를 수집, 정리하여 막대그래프나 꺾은선그래프로 나타내고 해석할 수 있다.

[6수04-03] 탐구 문제를 설정하고, 그에 맞는 자료를 수집, 정리하여 적절한 그래프로 나타내고 해석할 수 있다.

[공통교육과정 관련 성취기준]

[6수04-04] 사건이 일어날 가능성을 말로 표현하고 비교할 수 있다.

[6수04-05] 사건이 일어날 가능성을 수로 나타낼 수 있다.

[6수04-06] 자료를 이용하여 가능성을 예상하고, 가능성에 근거하여 적절한 판단을 내릴 수 있다.